Ewald Plachutta
Christoph Wagner

Die klassischen Gerichte Österreichs

Die besten Rezepte
aus allen Bundesländern

Ewald Plachutta / Christoph Wagner

Die klassischen Gerichte Österreichs

HAYMON taschenbuch 48

Auflage:
5 4 3 2
2016 2015 2014 2013

HAYMON tb **48**

Ungekürzte Taschenbuchausgabe
Haymon Taschenbuch, Innsbruck-Wien 2010
www.haymonverlag.at/haymontb

Lizenzausgabe mit Genehmigung des Paul Zsolnay Verlages Wien

ISBN 978-3-85218-848-5

Umschlag- und Buchgestaltung:
Kurt Höretzeder, Büro für Grafische Gestaltung, Scheffau/Tirol
Mitarbeit: Ines Graus
Coverfoto: www.fotowerk-aichner.at
Rezeptfotos: Claudio Alessandri, außer S. 70: www.istockphoto.com
Autorenfoto Ewald Plachutta: Herbert Lehmann/picturedesk.com
Autorenfoto Christoph Wagner: Katharina Stögmüller

Gedruckt auf umweltfreundlichem,
chlor- und säurefrei gebleichtem Papier.

Inhalt

Die Kultur eines Landes spiegelt sich nicht nur in seiner Musik, seiner Literatur, Architektur, Malerei, Bildhauerei und Darstellenden Kunst, sondern auch in seiner Kochkunst wider. Wie Menschen bestimmter Länder und Regionen mit ihren essbaren Ressourcen umgehen und vor allem, wie und auf welche Weise sie diese zu verfeinern vermögen, ist durchaus auch ein Gradmesser für Zivilisation und Lebenskultur.

Kunst und Kultur bedürfen nicht nur der ständigen Weiterentwicklung, sondern auch der historischen Festschreibung und Erhaltung. Dafür gibt es Museen, Bibliotheken, Opernhäuser und Theater. Die Kochkunst hingegen entbehrt solcher Stätten, da Restaurants, die sich lediglich der Bewahrung des Bestehenden widmen würden, ökonomisch nicht lebensfähig wären.

Die Initiative des „Vereins zur Erhaltung des kulinarischen Erbes Österreichs“, einen Rezeptkanon der „klassischen österreichischen Küche“ zu erstellen, ist aus diesem Grunde umso begrüßenswerter. Denn auch bei Gerichten wie Tafelspitz, Wiener Schnitzel oder Topfenstrudel handelt es sich um Denkmäler unserer Alltagskultur. Und Denkmäler verdienen bekanntermaßen, unter Denkmalschutz gestellt zu werden.

Das vor Ihnen liegende Buch verdankt seine Entstehung dem Versuch eines solchen „kulinarischen Denkmalschutzes.“ Da gerade in Zeiten der gesellschaftlichen Mobilität und der Globalisierung viele traditionelle Gerichte und deren überlieferte Rezepturen in Vergessenheit zu geraten drohen, haben wir versucht, die „klassischen Gerichte Österreichs“ für die Verzettelung und Aufbewahrung in einem Safe der Österreichischen Nationalbibliothek zu kodifizieren. Um eine ausgewogene Auswahl dieser Gerichte zu gewährleisten, wurde ein Rat von fachlich hochqualifizierten Köchen aus allen Bundesländern einberufen, die uns in einer ersten Runde all jene Gerichte nannten, die sie für einen Teil des unverzichtbaren kulinarischen Erbes der heimischen Kochkunst halten.

Wir danken in diesem Zusammenhang der Auswahljury
Franz Josef Wagner, Hotel Waldhof, Fuschl (Salzburger Küche)
Franz Fetz, Hirschen, Schwarzenberg (Vorarlberger Küche)
Jaroslav Müller, jahrzehntelanger Chefkoch des Hotel Sacher (Wiener Küche)
Erich Lukas, Verdi-Einkehr, Linz (oberösterreichische Küche)
Karl Schuhmacher, jahrzehntelang Chef-Pâtissier in der Kurkonditorei Oberlaa (süße Küche allgemein)
Willi Haider, Erste Steirische Kochschule, Kalsdorf bei Graz (steirische Küche)
Gerhard Windholz, Zur alten Mauth, Neusiedl (burgenländische Küche)
Traudi Sigwart, Sigwarts Tiroler Weinstuben, Brixlegg (Tiroler Küche)
Elisabeth Pukelsheim, Weinstube Pukelsheim, St. Veit an der Glan (Kärntner Küche)
für ihre Kooperationsbereitschaft und konstruktive Zusammenarbeit. Als wir uns nach Sichtung aller Vorschläge, einschließlich unserer eigenen, daran machten, die wichtigsten Grundrezepte für Österreichs Küchenklassiker zusammenzustellen, zeigte sich, dass es von vielen Gerichten unverzichtbare Ableitungen, aber auch unterschiedlichste Variationen durch Wechsel von Zutaten und Beilagen gibt. Aus diesem Grund sind aus den einzelnen Rezepten zuletzt kleine Rezeptkapitel geworden, die oft keineswegs nur das Grundrezept, sondern auch dessen wichtigste Erscheinungsformen sowie den Versuch einer zumindest groben kulinarhistorischen Einordnung beinhalten.

Als Herausgeber möchten wir uns in diesem Zusammenhang ganz besonders beim Vorstand und den Kuratoren des „Vereins zur Erhaltung des kulinarischen Erbes Österreichs“ sowie bei der AMA (Agrarmarkt Austria) bedanken. Unser Kollege Peter Kirischitz hat freundlicherweise das Fachlektorat besorgt, ihm sei ebenfalls an dieser Stelle ganz herzlich gedankt.

Ewald Plachutta *Christoph Wagner*

Das Kuratorium für das kulinarische Erbe Österreichs stellt sich mit der Herausgabe dieses Jahrhundertkochbuches einer wichtigen kulturpolitischen Aufgabe. Es tritt für die Erhaltung typischer österreichischer Produkte und Rezepte ein. Damit will man versuchen, die sich in den vergangenen Jahrhunderten entwickelten Ess- und Trinkgewohnheiten der Donaumonarchie dem Heute soweit wie möglich angepasst zu erhalten.

Es ist gar keine Frage, dass diese kulinarische Kultur in Zukunft nur Bestand haben kann, wenn man sich dabei bewusst bleibt, dass diese nur ein Spiegelbild der Landschaft, der Produkte und vor allem der hier lebenden Menschen sein kann.

Keine Region war in ihrer Entwicklung seit jeher von solch einer Vielzahl von unterschiedlichsten Einflüssen, von Ost nach West, von Süd nach Nord, geprägt, wie gerade das Kaiserreich. Nach dem 2. Weltkrieg warf man alle diese Traditionen zunächst einmal über Bord und frönte fast ausschließlich einer bedingungslosen Internationalisierung der Küche. Das „Steak Hawaii" feierte hierzulande fröhliche Urständ. Doch mit dem Aufkommen der „Neuen Küche" Mitte der Siebziger Jahre in Frankreich und der dort damit verbundenen Rückkehr zur „Regionalküche des Marktes", besann man sich auch in Österreich der großen Tradition seiner bodenständigen Küche.

Einfache Gerichte wie Sulz mit Kernöl, Beuschl mit Semmelknödel oder gar Blunzngröstl hielten erstmals Einzug auf den Speisekarten renommierter Restaurants. Während man sich in den westlichen Nachbarländern darauf beschränkte, sich vor allem die Rezepte großer französischer Cuisiniers zum Vorbild zu nehmen, besann man sich zwischen Boden- und Neusiedlersee auf die sprichwörtlichen Rezepte der Großmutter, adaptierte diese zeitgemäß leicht und passte diese somit den heutigen Essgewohnheiten an.

Diese bis heute anhaltende Entwicklung zeugt nicht nur von besonderer Kreativität, sondern vor allem von Souveränität durch Rückbesinnung auf die Wurzeln der österreichischen Küche und somit der eigenen Identität.

Hand in Hand mit diesem Trend präsentierte sich auch das qualitative Angebot an hochwertigen Produkten aus Österreich, wobei stellvertretend der enorme Qualitätsschub bei Weinen, aber auch bei Käsen österreichischer Provenienz hervorzuheben wäre. Mit präzisen, nachvollziehbaren Herkunftsbezeichnungen trägt man sowohl den Interessen des qualitätsorientierten Konsumenten als auch dem seriösen Produzenten Rechnung.

Besonders freut mich, dass die AMA (Agrarmarkt Austria) meine Anregung aufgriff und die besten österreichischen Rezepte gewissermaßen unter Denkmalschutz stellt und so das „kulinarische Erbe Österreichs" für alle Zeiten zu sichern versucht.

In diesem Sinne darf ich gutes Gelingen bei der Umsetzung der Rezepte wünschen.

Prof. Michael Reinartz
Gründer der Gault Millau Editionen Österreich,
Schweiz, Deutschland

Kalte Vorspeisen

Gesulzter Karpfen ▷ S. 18

Haxelsulz

Zutaten für 10–12 Portionen

1 kg Klacheln (Schweinsfüße bzw. Haxeln), vom Fleischer in dicke Scheiben sägen lassen
½ kg Schweinsschwarten
2 l Wasser
3 Lorbeerblätter
¼ Sellerieknolle
2 Karotten und eventuell
1 gelbe Rübe
Pfefferkörner
2–3 EL Weißweinessig
Salz, weißer Pfeffer
Knoblauch, frischer
Majoran und Liebstöckel,
Schnittlauch
1 Zwiebel, in Ringe geschnitten
Weißwein- oder Mostessig,
Kernöl
Bauernbrot bzw. Schwarzbrot

Zubereitung

1 Die in Scheiben geschnittenen Schweinshaxeln (Klacheln) sowie die etwas zerkleinerten Schwarten in kaltem Wasser mit Pfefferkörnern, Lorbeerblättern, Salz und dem Essig zustellen, aufkochen und dann ca. 2–3 Stunden auf kleiner Flamme langsam köcheln lassen, die Suppe während dieser Zeit mehrmals abschäumen.

2 Gegen Ende der Kochzeit das Wurzelgemüse in großen Stücken dazugeben. Wenn die Haxeln weich sind, aus der Suppe heben, sie können leicht von den Knochen gelöst und klein geschnitten werden (vorher eventuell in kaltem Wasser ganz kurz abschrecken). Suppe abseihen und auf ca. ½–¾ l einkochen lassen, das weich gekochte Gemüse abschrecken und klein schneiden, mit den klein geschnittenen Haxeln und eventuell klein geschnittenen Schwarten wieder in die Suppe geben und kurz verrühren. Je nach Geschmack mit Salz und Pfeffer, Knoblauch, Majoran und Liebstöckel kräftig abschmecken. Wenn die Suppe bzw. Sulz etwas abgekühlt ist, eventuell frischen Schnittlauch zugeben und in eine mit Öl ausgestrichene und mit Klarsichtfolie ausgelegte

Form gießen. Über Nacht kalt stellen bzw. stocken lassen.
Mit einem scharfen Messer oder Elektromesser in Scheiben schneiden. Mit Zwiebelringen, etwas Essig und Kernöl sowie Schwarzbrot servieren.

Schwartensulz (Grundrezept)

1 ½ – 2 kg Schweineschwarten mit Wurzelgemüse und Wasser bedeckt ca. 2–3 Stunden auskochen, abseihen und auf ½ l Flüssigkeit einkochen (= Grundsulz für diverse Sulzen), Schwarten und Gemüse klein schneiden und zugeben.
Mit Salz, Pfeffer und eventuell Liebstöckel sowie eventuell Schnittlauch kräftig abschmecken. Es können auch hartgekochte Eier mit eingelegt werden.

2 ½ l kräftige, gut gewürzte Suppe und ca. 14 Blatt Gelatine ergeben ebenfalls eine Grundsulz. Als Basis für Sulzen eignet sich eine Vielzahl von Produkten wie z.B. Geflügel, Fleisch (Rind-, Schweine-, Lammfleisch, Ochsenschlepp), Wild, Kaninchen, Fisch (Karpfen, Hecht, Forelle, Zander u.a., mit Knochen oder Gräten ca. 1 ½ – 1 ¾ kg oder Reingewicht ca. ¾ kg berechnen), Pilze und Gemüse.

Gesulzter Karpfen

Zutaten für 4 Personen

480 g Karpfen, filetiert, entgrätet
120 g Wurzelwerk, geschält (Karotten, Sellerie, gelbe Rübe)
80 g Zwiebeln, gehackt
12 Blatt Gelatine
1 Lorbeerblatt
Salz, Pfefferkörner, schwarz
Kuttelkraut, Essig
Petersilstiele
2 Eier, hartgekocht
Petersilblätter
Vogerlsalat zum Anrichten

Der Karpfen ist in der österreichischen Küche ein klassischer Weihnachts- und Fastenfisch. So wurden in Wien allein im Jahr 1890 476.475 kg Karpfen verzehrt. Seither ist der Verbrauch allerdings rückläufig. Die größten Karpfenzuchten der Donaumonarchie befanden sich in den Kronländern Böhmen und Ungarn, und zwar häufig in unmittelbarer Nachbarschaft von Gänsezuchten. Gänsemist galt nämlich als ideales Futter für die Karpfenmast.

Zubereitung

1. Die Haut des Filets leicht einschneiden. Mit Wasser bedecken, Gewürze in einem Leinensäckchen beigeben. Wurzeln in Streifen schneiden, mit Zwiebeln auf den Karpfen streuen. Wasser salzen und kräftig mit Essig säuern. Den Karpfen fast zum Sieden bringen, danach 15 Minuten ziehen lassen, aus dem Sud heben. Restliche Gräten herausziehen.
2. Haut, je nach Geschmack, entfernen oder belassen. Weich gekochte Wurzeln aus dem Sud heben.
3. Den Sud auf ½ Liter reduzierend (nicht zugedeckt) kochen, abseihen.
4. Gelatine in kaltem Wasser einweichen, im Sud auflösen und erkalten lassen. In passendes Geschirr etwas Sud eingießen, kalt stellen und anstocken lassen. Petersilblätter und Eischeiben daraufsetzen, mit etwas gelierendem Sud fixieren.
5. Karpfen in Stücke teilen, mit den Wurzeln im Geschirr gruppieren, mit Sud bedecken. 12 Stunden im Kühlschrank gelieren lassen.
6. Geschirr kurz in sehr heißes Wasser tauchen, stürzen. Gesulzten Karpfen in Scheiben oder Quadrate schneiden.
7. Mit Vogerlsalat anrichten.
8. Man kann die Karpfensulz auch mit Eischeiben und Paprikastücken zubereiten.

Jiddische Hendlleber

Zutaten für 4 Portionen

250 g Hendlleber
100 g Zwiebeln, fein geschnitten
2 Eier, hart gekocht
100 g Ganslfett
Salz, Pfeffer
Majoran, gerebelt
Neugewürz
2 Knoblauchzehen, gepresst

Zubereitung

1. Die feinst geschnittenen Zwiebeln im Ganslfett dünsten, die gut geputzte Hendlleber dazugeben und mit Knoblauch und den Gewürzen bei schwacher Hitze weichdünsten (ca. 5 Minuten).
2. Leicht erkalten lassen, mit den klein gehackten harten Eiern gut vermischen und in ein Tontiegerl einfüllen.
3. Mit etwas flüssigem Ganslschmalz auffüllen und kalt stellen.
4. Die Leber wird auf heißem Toastbrot serviert.

Im Burgenland gab es bis 1938 sieben kulturell und historisch gleichermaßen bedeutende jüdische Gemeinden, die sich auch durch eine sehr eigenständige Küche auszeichneten. Die jiddische Hendlleber war eher dem Alltag vorbehalten, während an Festtagen dieses Gericht mit Gansleber oder Entenleber zubereitet wurde.

Suppen & Salate

Paradeissuppe

Zutaten für 4 Personen

600 g Paradeiser, enthäutet, vollreif
80 g Zwiebeln
50 g Butter
1 EL Paradeismark
20 g Mehl, glatt
6 dl Rind- oder Kalbs-knochensuppe
8 Pfefferkörner
½ Lorbeerblatt
1 EL Kristallzucker
Salz
Zitronensaft oder Essig

Zubereitung

1 Butter in passendem Topf schmelzen, klein geschnittene Zwiebeln anschwitzen, Mehl beigeben, kurz ohne Farbe rösten.
2 Geviertelte Paradeiser und Paradeismark beigeben, durchrühren, mit Suppe aufgießen, Gewürze und Essig beigeben und ca. 30 Minuten kochen lassen.
3 Suppe passieren (nicht mixen).

Einlage: gekochter Reis

Auch wenn die Tomate bereits nach der Entdeckung Amerikas nach Europa gelangte, so dauerte es doch mehrere Jahrhunderte, bis die ursprünglich nur als Zierpflanzen geschätzten Paradeiser auch Eingang in die Wiener Küche fanden. Im „Appetitlexikon" von Habs und Rosner (Wien 1894) liest man dazu: „Gold- oder Liebesapfel, in Österreich Paradiesapfel, im Volksmund Paradeis, heißt die apfelförmige, stark gerippte, im reifen Zustand glänzend rot oder gelb gefärbte Beere der Tomatenstaude. (...) In Süddeutschland wurde sie zu Ende des 16. Jahrhunderts vereinzelt als Zierpflanze gepflegt, in Österreich aber war sie noch 1682 unbekannt; hier fand ihr Anbau erst seit 1820 allgemeinen Eingang. (...) Der Liebesapfel liefert eine anerkannt feine Suppenwürze, namentlich aber unübertroffene Saucen."

Rindsuppe mit klassischen Wiener Einlagen

Zutaten für 4 Personen

3,5 l Wasser
600 g Rindfleisch (Schulter oder Brust)
500 g Rindsknochen (Rippe)
4–6 Scheiben Markknochen, ca. 2 cm dick
100 g Zwiebeln, mit Schale
je 70 g Karotten, gelbe Rüben, Sellerie, Porree
15 Pfefferkörner
Liebstöckel
Petersilstiele oder -blätter
Salz
Schnittlauch, geschnitten

Die Suppeneinlagen nehmen in der Wiener Küche einen ähnlichen Stellenwert ein wie in anderen Ländern die Vorspeisen. Allein in Marie von Rokitanskys „Österreichischer Küche“ (1897) werden weit über hundert Suppeneinlagen angeführt, darunter zahlreiche Raritäten wie Semmel-Pflanzel, Grammelnockerl, Kohl-Schöberl, Ragout-Knödel, Schmarrnteig-Würfel, Grüne Erdäpfel-Knödel, Milzwurst, Reis-Wanneln oder Omelette-Einbund.

Zubereitung

1 Rindfleischknochen sehr gut mit warmem Wasser waschen. Fleisch und Knochen mit kaltem Wasser auffüllen, zum Kochen bringen. Mit Schöpflöffel ständig aufsteigenden Schaum abschöpfen.

2 Zwiebeln halbieren, in Pfanne ohne Fett sehr dunkel braten und ungeschält der Suppe beigeben. Wurzelwerk schälen, Suppengrün gut waschen. Nach ca. 1 ½ Stunden Wurzelwerk, Suppengrün, Pfefferkörner und Salz der Suppe beigeben. Flüssigkeit, wenn nötig, mit Wasser auf die erwünschte Menge von 1,5 l ergänzen. Suppe durch ein feines Sieb seihen, abschmecken, mit Schnittlauch garnieren.

3 Das Rindfleisch kann anschließend für Rindfleischsalat verwendet werden. (Es ist durch die Methode des Kaltzustellens, welche die Qualität der Suppe fördert, ausgelaugt und nicht mehr ganz so schmackhaft. Ist das Fleisch zum Verzehr als Hauptspeise gedacht, gibt man das Fleisch in die bereits kochende Flüssigkeit, damit sich die Poren sofort schließen. In diesem Fall kann man der Suppe auch etwas Suppenwürze beifügen.)

➣ Grießnockerln

Zutaten für 16 Nockerln

100 g Grieß, grob
50 g Butter, handwarm
1 Ei (60–70 g)
Salz, Muskatnuss

Zubereitung

1 Butter schaumig rühren, zimmertemperiertes Ei gut verschlagen, langsam in die Butter einrühren. Grieß und Gewürze untermengen, 15 Minuten rasten lassen.

2 Mit in Wasser getauchtem Löffel Nockerln formen. In kochendes Salzwasser einlegen, 3 Minuten kochen lassen, mit kaltem Wasser kurz abschrecken, zugedeckt 10 Minuten ziehen lassen.

➣ Wiener Leberreis

Zutaten für 6 Portionen

200 g Rindsleber, sehr fein faschiert
2 Eier
100 g Mehl, glatt
50 g Butter, geschmolzen
1 TL Petersilie, gehackt
Salz, Pfeffer, gemahlen
Knoblauch, 1–2 Zehen, zerdrückt
Majoran, gerebelt

Zubereitung

1 Alle Zutaten gut verrühren, abschmecken.

2 Suppe oder Salzwasser zum Kochen bringen. Lebermasse mittels Teigkarte durch ein verkehrtes Reibeisen pressen. Einmal aufkochen, einige Minuten ziehen lassen.

➣ Lebernockerln

Zutaten für 12 Nockerln

200 g Rindsleber
80 g Semmelbrösel
60 g Kalbsnierenfett
40 g Weißbrot oder Semmel
2 Eier
40 g Zwiebeln, fein geschnitten
60 g Öl oder Schmalz zum Rösten
Salz
Knoblauch, 1–2 Zehen, zerdrückt
1 EL Petersilie, gehackt
Pfeffer, schwarz, gemahlen
Majoran, gerebelt

Zubereitung

1 Weißbrot in kaltem Wasser einweichen, ausdrücken; Zwiebeln in heißem Fett rösten, kalt stellen; Leber, Zwiebeln, Nierenfett und Weißbrot fein faschieren, restliche Zutaten beigeben und gut vermengen. Eine halbe Stunde kühl rasten lassen.

2 Reichlich Salzwasser (oder Suppe) zum Kochen bringen, Nockerln (mittels nassem Suppenlöffel und mit Wasser benetzter Innenhand) formen und sofort einige Minuten zart wallend kochen.

3 (Aus derselben Masse lassen sich auch Leberknödel zubereiten, die in kochendem Salzwasser ca. 7 Minuten zart wallend gekocht werden und weitere 5 Minuten ziehen müssen).

➣ Lungenstrudel

Zutaten für 6–8 Portionen

600 g Kalbslunge, ergibt gekocht 300 g
2 EL Öl
60 g Zwiebeln
2 Eier
100 g Wurzelwerk (Karotte, Petersilwurzel, Sellerieknolle)
Salz
8 Pfefferkörner, schwarz
½ Lorbeerblatt
Pfeffer, schwarz, gemahlen
Majoran, gerebelt
Petersilie, gehackt
Knoblauch, zerdrückt, 1 Zehe
Strudelteig, selbstgezogen (siehe Apfelstrudel, Seite 160), oder Fertigteig
(Wird der Strudel gekocht, so verwenden Sie nur frischen – keinen tiefgekühlten – Teig, da derselbe Ei oder zumindest Eiweiß enthalten muss.)

Zubereitung

1 Lunge gut in kaltem Wasser wässern, mehrmals mit der Messerspitze anstechen, damit der Sud eindringen kann.
2 Mit Wasser, Salz, Lorbeerblatt, Pfefferkörnern und gewaschenem Wurzelwerk zustellen. Zugedeckt ca. 1 ½ Stunden langsam kochen, nach ½ Kochzeit die Lunge wenden.
3 Fertig gegarte Lunge in kaltes Wasser legen, durchkühlen, grob faschieren.
4 Öl erhitzen, klein geschnittene Zwiebeln anrösten. Faschierte Lunge beigeben, durchrösten, Petersilie und Knoblauch einrühren, mit Salz, Pfeffer, Majoran würzen, Eier unterrühren.
5 Strudelteig auf mit Mehl bestreutem Tuch ausziehen (bei Fertigstrudelteig diesen auf feuchtem Tuch aufbreiten). Lungenmasse auf die vordere Teighälfte auftragen, den Strudel straff einrollen, mit bemehltem Kochlöffelstiel in Portionen abdrücken, dann mit Messer durchtrennen.
6 Strudel im kochenden Salzwasser ca. 10 Minuten langsam kochen oder den Strudel auf ein mit Trennpapier belegtes Backblech legen und, mit Butter bestrichen, im vorgeheizten Backrohr bei 220 °C ca. 10–12 Minuten goldbraun backen.

➣ Frittaten

Zutaten für 6 Portionen

2 Eier
125 g Mehl, glatt
¼ l Milch
3 EL Öl oder flüssige Butter
1 KL Petersilie, gehackt
Salz, Öl zum Backen

Bei Punkt 1 keinen Mixstab verwenden, die Masse wird zäh.

Zubereitung

1 Mehl, Milch und Öl (Butter) mit einem Schneebesen glatt und knotenfrei verrühren. Petersilie und Salz darunterziehen.
2 Fett in passender Pfanne erhitzen, überschüssiges Fett abgießen, Teig dünn ganzflächig einlaufen lassen und beidseitig goldgelb backen; diesen Vorgang so lange wiederholen, bis der Teig verbraucht ist.
3 Erkaltete Palatschinken in dünne Streifen schneiden. Frittaten erst im letzten Moment der Suppe beigeben, da sie stark quellen.

Variante: Frittatenroulade

1 100 g gekochte Rindfleischabschnitte oder auch Hühner- oder Räucherfleisch mit etwas gehackten, hell angeschwitzten Zwiebeln fein faschieren oder mit einer Küchenmaschine cremig cuttern.
2 1 Ei untermengen, mit gehackter Petersilie, Salz, Pfeffer, Majoran würzen.
3 2 Palatschinken mit der Masse bestreichen, straff einrollen, in eine leicht geölte Alufolie eindrehen, die Enden drehend verschließen. In 90 °C heißem Wasser 10 Minuten pochieren, erkalten lassen, aus der Folie lösen und in ca. 1 cm dicke Scheiben schneiden.

Biskuitschöberl

Zutaten für 6 Personen

2 Eiklar
2 Eidotter
60 g Mehl, glatt
Salz

Zubereitung

1 Eiklar mit Salz zu sämigem, aber nicht zu festem Schnee schlagen. Eidotter unterheben, Mehl vorsichtig einmengen. Masse fingerdick (rechteckig) auf Trennpapier auftragen, auf Backblech legen und im vorgeheizten Backrohr bei 230 °C ca. 8–10 Minuten braun backen.
2 Vom Blech nehmen, Biskuit wenden, Trennpapier abziehen.
3 Erkaltet in Karos schneiden.
Erst unmittelbar vor dem Auftragen in die heiße Suppe geben (saugt sehr stark).

Varianten

Markschöberl

– Biskuitschöberlmasse mit Scheiben von Rindermark (ca. 120 g) belegt.

Kaiserschöberl

– Biskuitschöberlmasse mit geriebenem Parmesan (15 g) vermischt.

Kräuterschöberl

– Biskuitschöberlmasse mit frischen Kräutern (1 EL) wie Kerbel, Estragon, Basilikum vermischt.

Schinken-Erbsen-Schöberl

– Biskuitschöberlmasse mit fein gewürfeltem Schinken (20 g) und gekochten Erbsen (30 g) vermengt.

➣ Markknödel

Zutaten für 12 Knödel

50 g Mark
10 g Butter
80 g Weißbrot, entrindet
60 g Weißbrotbrösel, frisch, ohne Rinde (oder etwas weniger Semmelbrösel)
1 Ei
Salz
Pfeffer, weiß, gemahlen
Muskatnuss
1 TL Petersilie, gehackt

Zubereitung

1 Das Ei gut verschlagen, Mark passieren. Handwarme Butter und Mark schaumig rühren, gut verschlagenes, zimmertemperiertes Ei langsam unterrühren.

2 Weißbrot in Wasser oder Milch einweichen, ausdrücken, passieren und unter den Abtrieb mengen. Brösel, Petersilie und Gewürze unter die Masse ziehen, mit feuchter Hand Knödel formen.

3 5 Minuten schwach wallend in Wasser oder Suppe kochen, 5 Minuten ziehen lassen. In klarer oder gebundener (Geflügel- oder Kalbseinmach-)Suppe servieren.

Tiroler Knödel

Zutaten für ca. 10 Knödel

120 g Semmelwürfel
2 Eier
80 g Räucherspeck, durchzogen
gekochtes Geselchtes
50 g Zwiebeln
40 g Schweine- oder Butterschmalz
1 dl Milch
1 EL Petersilie, fein gehackt
Salz

Zubereitung

1 Speck in 3 mm große Würfel schneiden. Zwiebeln kleinwürfelig schneiden.
2 Schmalz erhitzen, Speck kurz rösten, Zwiebeln beigeben, kurz weiterrösten.
3 Milch erhitzen. Eier verschlagen, unter die Semmelwürfel mischen. Heiße Milch mit dieser Masse gut vermengen. Petersilie, Speck, Zwiebeln, Gewürze untermengen und 10 Minuten ziehen lassen.
4 Reichlich Salzwasser zum Sieden bringen. Mit nasser Hand Knödel formen, kräftig pressend drehen, wobei es wichtig ist, dass die Nässe der Hand eine leicht cremige, glatte Oberfläche erzeugt.
5 Knödel in das Kochwasser einlegen, aufkochen, bei 90 °C ziehen lassen.
6 Aus dem Wasser heben, in Rindsuppe (oder Selchsuppe) mit Schnittlauch servieren.

Die größer geformten Knödel können auch als Beilage oder Hausmannskost mit Salat oder Sauerkraut serviert werden. In diesem Fall kann man auch etwas gröber geschnittene Wurst (Dürre) verwenden.

➣ Schlickkrapfen

Zutaten für 16 Stück

Nudelteig

100 g Mehl, glatt
1 Ei
1 EL Öl
Salz
Wasser

Fülle

100 g Rindfleisch, gekocht, oder Bratenreste
30 g Zwiebeln, gehackt
20 g Butterschmalz
1 Ei
Salz
Pfeffer, schwarz, gemahlen
1 TL Petersilie, gehackt
Majoran, gerebelt
Knoblauch, 1 Zehe, zerdrückt

Zubereitung

1. Teig: Alle Zutaten gemeinsam zu einem geschmeidigen Teig verkneten und ½ Stunde zugedeckt rasten lassen.
2. Fülle: Rindfleisch faschieren, Butterschmalz erhitzen, Zwiebeln anschwitzen, Rindfleisch beigeben, rösten, Ei beifügen, weiterrösten, Gewürze und Petersilie untermengen.
3. Teig dünn ausrollen, in 2 Teile schneiden. Aus der Fleischmasse kleine Kugeln formen, diese in Abständen auf die eine Teighälfte legen, rundum mit Wasser (oder verschlagenem Ei) bestreichen, zweiten Teil darüberstülpen, fest anpressen und mit rundem Ausstecher Tascherln ausstechen.
4. Salzwasser zum Kochen bringen, Krapferl einlegen, einige Minuten schwach wallend kochen, aus dem Wasser heben, in der Rindsuppe servieren.

Milzschnitten

Zutaten für 4 Personen

150 g Milz, fein geschabt
1 Ei,
4 Toastbrot- oder Weißbrot-scheiben
Salz
Pfeffer, schwarz, gemahlen
Knoblauch, 1 Zehe, zerdrückt
Majoran, gerebelt
1 TL Petersilie, gehackt
Öl zum Braten

Zubereitung

1. Milz, Ei und Gewürze, abschließend Salz gut vermengen. Masse auf die Brotscheiben streichen.
2. In einer Pfanne Öl (fingerhoch) erhitzen. Brotscheiben mit Aufstrich nach unten einlegen, auf beiden Seiten knusprig braun backen.
3. Aus dem Fett heben, abtropfen lassen und Ränder eventuell weg-schneiden. Mundgerecht in Karos oder Quadrate schneiden und in der Rindsuppe auftragen.
4. An Stelle von Milz kann man auch Leber verwenden.

Bröselknödel

Zutaten für 4 Portionen (= 16 Knödel)

100 g Butter
1 Ei
1 Eidotter
200 g Weißbrotbrösel, frisch, ohne Rinde
⅛ l Milch
Salz, Muskatnuss
Pfeffer, weiß, gemahlen
Petersilie, gehackt

Zubereitung

1 Handwarme Butter schaumig rühren. Ei und Eidotter verschlagen, langsam unter die Butter mengen (Gerinnungsgefahr!).

2 Weißbrotbrösel in Milch einweichen, 20 Minuten ziehen lassen. Bröselmasse unter den Abtrieb rühren, würzen, Petersilie beigeben, 30 Minuten kühl rasten lassen.

3 Reichlich Salzwasser zum Kochen bringen, aus der Masse mit nasser Handfläche Knödel formen, 5 Minuten schwach wallend kochen und 5 Minuten ziehen lassen.

4 In klarer Rindsuppe oder gebundener (Geflügel-, Kalbseinmach- oder Gemüseragout-)Suppe servieren.

5 Etwas größer geformt, geben Bröselknödel eine hervorragende Beilage zu eingemachtem Kalbfleisch ab.

Wiener Erdäpfelsuppe

Zutaten für 4 Personen

200 g Erdäpfel, roh, geschält
50 g Räucherspeck, durchzogen
50 g Zwiebeln
80 g Karotten und Sellerie, geschält
4 EL Öl oder Butterschmalz
20 g Mehl
10 g Steinpilze, getrocknet
1 ¼ l Rindsuppe
2 EL Sauerrahm
Salz
Pfeffer, gemahlen
Knoblauch, zerdrückt
Essig (Hesperidenessig)
Majoran, gerebelt

Zubereitung

1. Erdäpfel in ca. 1 cm große Würfel, Zwiebeln, Speck, Karotten und Sellerie gesondert in kleine Würfel schneiden.
2. Fett erhitzen, Speck anrösten, Zwiebeln, Karotten, Sellerie beigeben, glasig werden lassen, Mehl unterrühren. Kurz anschwitzen, mit Suppe aufgießen, glatt rühren. Majoran und Knoblauch hinzufügen.
3. Getrocknete Steinpilze zuvor in kaltem Wasser ca. 30 Minuten einweichen.
4. Steinpilze beigeben und ca. 10 Minuten kochen lassen. Erdäpfel untermengen und kochen, bis sie kernig weich sind. Glatt gerührten Sauerrahm einrühren, mit Salz, Pfeffer und Essig abschmecken.

In der Erdäpfelgeschichte spielt die Stadt Wien eine besondere Rolle. Als die ersten Erdäpfel im 16. Jahrhundert aus Peru nach Europa kamen, hielt man sie nämlich zunächst für giftig, bis sich der am Wiener Hof wirkende Botaniker Charles de l'Ecluse (1525–1609), auch Carolus Clusius genannt, mit der Zucht der neuen „Tartufeln" beschäftigte. Clusius, der auf seinen ausgedehnten Europareisen eine Zeitlang auch die Kaiserlichen Gärten in Wien betreute, verdanken wir daher auch das älteste österreichische Erdäpfeldokument: Es stammt vom 26. Jänner 1588 und zeigt unter dem Namen „Kleine Trüffel (Taratoufli)" die Abbildung eines Erdapfels.

Wiener Fischbeuschelsuppe

Zutaten für 4 Personen

Kopf und Rogen von einem Karpfen
1 Karpfenkarkasse, gehackt
1 Lorbeerblatt
10 Pfefferkörner
Essig (Hesperidenessig)
60 g Zwiebeln
80 g Wurzelwerk (Karotte, Petersilwurzel, Sellerieknolle)
1 l Wasser
80 g Karotten, Sellerie, gelbe Rüben, geraspelt
40 g Butterschmalz
20 g Mehl, glatt
Salz
Pfeffer, schwarz, gemahlen
1 EL Petersilie, gehackt
Weißbrotwürfel, geröstet

Zubereitung

1 Karpfenkopf und Karkasse sauber waschen, mit kaltem Wasser, Salz, Essig, Pfefferkörnern, Lorbeer, Zwiebeln und Wurzelwerk zustellen. 20 Minuten schwach wallend kochen, abseihen, beiseite stellen.
2 Kopffleisch ablösen.
3 Karotte, gelbe Rübe, Sellerie in erhitztem Butterschmalz rösten, Mehl beigeben, lichtbraun weiterrösten, mit Fischsud aufgießen.
4 Gut durchkochen, Rogen untermengen, mit der Schneerute gut verrühren.
5 Kopffleisch und gehackte Petersilie beigeben, mit Gewürzen säuerlich-pikant abschmecken.
6 Mit gerösteten Weißbrotwürfeln auftragen.

Gulaschsuppe

Zutaten für 4 Portionen

250 g Rindfleisch (Schulter oder Wadschinken)
200 g Zwiebeln, fein geschnitten
40 g Fett
20 g Paprikapulver, edelsüß
1 ¼ l Wasser oder Rindsuppe
200 g speckige Erdäpfel, roh, geschält
1 KL Paradeismark
Salz
Kümmel, gemahlen
Majoran, gerebelt
Knoblauch, zerdrückt
Spritzer Essig (Hesperiden-essig)
eventuell 20 g Mehl

Zubereitung

1 Rindfleisch und Erdäpfel gesondert in ca. 1 cm große Würfel schneiden.
2 Fett erhitzen, Zwiebeln goldbraun anrösten, Fleisch beigeben, durchrühren, Paprikapulver einrühren. Mit Essig ablöschen, Paradeismark dazugeben, mit Suppe oder Wasser aufgießen, Gewürze beimengen und ca. 40 Minuten dünsten.
3 Erdäpfel hinzufügen, einige Minuten kochen, bis diese kernig weich sind.
4 Wünscht man eine molligere Konsistenz, Mehl mit etwas kaltem Wasser anrühren, zügig in die kochende Suppe einrühren, 5 Minuten verkochen lassen.

Die Wiener Gulaschsuppe ist eine Ableitung des echten ungarischen Gulyas.
Siehe auch Rindsgulasch, S. 126.

Klachelsuppe / Haxelsuppe

Zutaten für 10–12 Portionen

1 ½ – 2 kg Klacheln (Schweinsfüße) vom Fleischer in dicke Scheiben sägen lassen (man kann auch das Schweinsschwanzerl und die Ohren zugeben)
3 l Wasser
3–4 Lorbeerblätter
½ Sellerieknolle
½ Stange Porree
2 Karotten
Pfefferkörner
¹⁄₁₆ l Weißweinessig
Salz
weißer Pfeffer
3 EL Mehl
1 EL Sauerrahm
Knoblauch, zerdrückt
Majoran und Liebstöckel, frisch

Zubereitung

1 Die in Scheiben geschnittenen Schweinshaxeln (Klacheln) in kaltem Wasser mit Pfefferkörnern, Lorbeerblättern, Salz und der halben Menge Essig zustellen, aufkochen und dann ca. 3 bis 4 Stunden auf kleiner Flamme langsam köcheln lassen, die Suppe während dieser Zeit mehrmals abschäumen.

2 Vor Ende der Kochzeit das Wurzelgemüse in größeren Stücken dazugeben. Wenn die Haxeln weich sind, können sie von den Knochen gelöst und klein geschnitten werden (vorher in kaltem Wasser abschrecken).

3 Suppe abseihen, Gemüse abschrecken und klein schneiden, mit den klein geschnittenen Haxeln verrühren.

4 Restlichen Essig mit Mehl und Sauerrahm gut versprudeln und unter ständigem Rühren in die kochende Suppe einlaufen lassen.

5 Aufkochen, nach Geschmack mit Knoblauch, Majoran und Liebstöckel abschmecken.

6 Der Steirer „fieselt“ oder „kiefelt“ bzw. „nagt“ die Klacheln genussvoll ab und isst die Suppe extra dazu.

7 Eine etwas elegantere Variante ist die Salonklachelsuppe, dabei werden die Haxeln ausgelöst und zerkleinert in der Suppe serviert.

8 Werden die Haxeln in ganzen Scheiben angerichtet, kann man frisch geriebenen Kren und Schnittlauch darüberstreuen. Dann spricht man von einem Klachelfleisch.

9 Zur Klachelsuppe wird in der Steiermark gerne ein Heidensterz (s. S. 57) serviert.

Steirische Klacheln sind im Gegensatz zu einem weitverbreiteten Irrglauben keineswegs Schweinshaxeln, obwohl diese mittlerweile häufig als solche bezeichnet werden. „Klacheln" bedeutet jedoch so viel wie baumeln, schlenkern und klappern, und unter einem „Klachel" versteht man außer einem Glockenschwengel, einem plumpen Menschen, einem Lumpen und dem männlichen Geschlechtsorgan vor allem einen Sprudellöffel. Da man die „geklachelte Suppe" häufig durch Zugabe von Schweinshaxeln noch nahrhafter machte, wurden die Haxeln im Sprachgebrauch allmählich zu Klacheln.

Kärntner Kirchtagssuppe

Zutaten für 8 Portionen

150 g Rindfleisch (Schulter)
300 g Hühnerfleisch
150 g Schaffleisch (kann durch Kalbs- oder Schweinsschulter ersetzt werden)
1 Bund Suppengrün
2 Dotter
1 kleine Zwiebel
2 Karotten
50 g Sellerie
1 Zitrone
1 Lorbeerblatt
Salz
1 Messerspitze Safran
1 TL Mehl
1,5 l Wasser
⅛ Sauerrahm
Weißwein zum Abschmecken
Anis
3 Stück Nelken
Muskatblüte
Pfefferkörner

Zubereitung

1 Fleisch mit Gewürzen, Gemüse, Suppengrün in Wasser weich kochen.
2 Fleisch und Gemüse herausnehmen, etwas abkühlen lassen und kleinwürfelig schneiden.
3 Sauerrahm, Dotter, Mehl versprudeln und in die kochende Suppe geben. Achtung: Nicht mehr aufkochen lassen.
4 Gemüse und Fleisch in die heiße Suppe geben, mit Salz, Pfeffer, Zitronensaft, Wein abschmecken.
5 Ein echter Kärntner isst einen Reindling (s. S. 216) dazu.

Gelbe Suppe

Zutaten für 4 Portionen

1 l Fleischsuppe
Fenchel
eine Messerspitze Safran
Anis
1 Zwiebel
1 Dotter
2 EL Mehl
⅛ l Sauerrahm

Zubereitung

1. Etwas Fleischsuppe mit Fenchel, Safran, Anis, Zwiebel, Mehl, ⅛ l Sauerrahm und Dotter verrühren.
2. In die kochende Suppe einrühren, nicht mehr kochen lassen. Gewürze absieben.
3. Man kann geröstete Weißbrotwürfel als Einlage nehmen, manchmal streut man auch Zimt darüber.

Der Brauch, Suppen und Saucen nicht nach ihren Zutaten, sondern nach ihrer Farbe zu benennen, stammt aus dem Mittelalter. Damals entstanden wohl auch die „Gölb'n Supp'n" in Kärnten, deren vielleicht berühmteste die Kirchtagssuppe ist. Eine echte „gölbe Supp'n" ist jedoch auch integrierender Bestandteil des Kärntner Hochzeitsbrauchtums. Da wird die Gelbe Suppe jedoch meist ohne Fleisch gegessen, das Fleisch wird danach als Hauptgericht mit Krensauce serviert.

Stosuppe

Zutaten für 4 Portionen

½ l Wasser
¼ l Sauerrahm
¼ l Sauermilch
1 EL Kümmel
Salz
30 g Mehl, glatt
Essig (Apfel- oder Hesperidenessig)
Schwarzbrotwürfel zum Bestreuen

Zubereitung

1 Salzwasser mit Kümmel einige Minuten verkochen. Sauerrahm und Sauermilch mit Mehl versprudeln; in das Kümmelwasser mit Schneerute einrühren.

2 5 Minuten verkochen lassen, säuerlich würzen.

3 Anrichten, mit gerösteten Schwarzbrotwürfeln bestreuen.

Die Stosuppe, früher auch Schdohsuppe, wird aus geronnener (früher sagte man dazu auch: gestoßener) Milch zubereitet. Die Zubereitung variiert von Region zu Region. Manche Rezepte verwenden ausschließlich Sauermilch dafür, andere nur Sauerrahm. In manchen Gegenden werden auch gekochte Erdäpfel in die Suppe geschnitten.

Riesling- oder Veltliner Weinsuppe

Zutaten für 4 Portionen

½ l Rindsuppe
2 dl Weißwein, trocken
(Riesling bzw. Veltliner)
5 Eidotter
¼ l Schlagobers
Prise Salz
Würfel von einer alten
Semmel
20 g Butter
Zimtpulver

Zubereitung

1 Rindsuppe und Weißwein zum Kochen bringen, vom Herd nehmen.
2 Obers und Eidotter verschlagen, mit einer Schneerute zügig in das Suppe-Wein-Gemisch einrühren, nochmals erhitzen, weiterschlagen, bis die Suppe cremig erscheint. Vorsicht, die Suppe darf nicht kochen, Gerinnungsgefahr!
3 Die Suppe würzen, Semmelwürfel in heißer Butter goldbraun rösten.
4 Die Suppe mit den Semmelwürfeln und Zimt kräftig bestreuen.

Die in der österreichischen Küche zunehmend beliebteren Riesling- und Veltlinersuppen gehen alle auf ein gemeinsames Vorbild zurück, das aus Südtirol stammt. Die „Terlaner Weinsuppe" wird klassisch mit Terlaner Weißburgunder zubereitet.

Bregenzerwälder Käsesuppe

Zutaten für 4 Portionen

1 kleine Zwiebel
40 g Butter
40 g Mehl
⅛ l Weißwein
1 l Rindsuppe
1 Knoblauchzehe, zerdrückt
etwas Rosmarin und Thymian
1 Lorbeerblatt
1 TL Pfefferkörner
50 g alter Bergkäse
100 g junger Bergkäse
50 g Räßkäse
¼ l Schlagobers
1 Bund Schnittlauch, geschnitten
Muskatnuss

Zubereitung

1 Die Zwiebel und die Knoblauchzehe in Butter anschwitzen, mit Mehl stauben und kurz durchrösten.
2 Mit Weißwein ablöschen und mit Rindsuppe auffüllen. Nun eine halbe Stunde mit den Kräutern und Gewürzen köcheln lassen.
3 Den fein geschnittenen Käse und Schlagobers dazugeben, mixen und mit Muskatnuss abschmecken.
4 Am Schluss mit Schnittlauch bestreuen.

Von allen österreichischen Bundesländern hat Vorarlberg in der Fettkäserei die älteste Tradition. Im Zentrum der Molkereiwirtschaft des Ländles stehen dabei vor allem Hartkäse, wobei im Sommer in höheren Regionen sogenannte „Almkäse" hergestellt werden. Werden diese nach dem Almabtrieb wieder unten im Tal produziert, spricht man von Bergkäsen.

Warmer Krautsalat

Zutaten für 4 Personen

600 g Weißkraut, ohne Strunk und Außenblätter
80 g Selchspeck, durchzogen
¼ l Suppe oder Wasser
3 EL Apfelessig
3 EL Öl
Salz
1 TL Kümmel, ganz

Zubereitung

1. Kraut fein hobeln oder schneiden, einsalzen.
2. Suppe oder Wasser mit Kümmel versetzen, Essig beigeben, aufkochen und Kraut untermengen. Zugedeckt kräftig durchkochen lassen, aber sehr kernig halten. Vom Herd nehmen, überschüssige Flüssigkeit abschütten.
3. Speck kleinwürfelig schneiden, in Pfanne anrösten, gemeinsam mit dem verbliebenen Schmalz über den Salat verteilen. Öl beigeben, durchrühren und abschmecken.

Krautsalat wird als warme oder kalte Beilage zu zahlreichen Fleisch- und Geflügelgerichten gereicht, etwa Jungschweinsbraten, Schweinsbraten, Spanferkel, gebratene Gans. Der geröstete Speck wird manchmal auch durch heiße Grammeln ersetzt.

Erdäpfelsalat

Zutaten für 4 Portionen

600 g Erdäpfel, gekocht, geschält (Sieglinde oder Kipfler)
60 g Zwiebeln, fein geschnitten
ca. ¼ l klare Rindsuppe
3 EL Apfelessig
6 EL Öl
Salz
Pfeffer, schwarz, gemahlen
eventuell etwas Estragonsenf

Zubereitung

1. Kernig gekochte Erdäpfel noch heiß schälen, in feine Scheiben schneiden.
2. Sofort mit warmer Suppe angießen, Öl, Zwiebeln, Essig, Salz und Pfeffer beigeben.
3. Den Salat kräftig so lange rühren, bis er eine sämige Bindung erhält.
4. Ob Senf und Zucker beigegeben werden, unterliegt dem persönlichen Geschmack.

Garnierung: Schnittlauch, geschnittene rote oder weiße Zwiebeln, Vogerlsalat

Das älteste Erdäpfelsalatrezept der Welt hat der Humanist und Agronom Wolf Helmhard von Hohberg (1612–1688) in seinen „Georgica Curiosa oder Adeliches Land- und Feldleben" 1682 auf seinem Landsitz in St. Pantaleon bei Enns niedergeschrieben. „Man kocht die indianischen Papas und ißt sie warm oder auch, überbrüht und geschält, kalt mit Öl, Essig, Pfeffer und Salz. Sie sind allhier so fruchtbar und vermehren sich so gern, daß man fürgibt, in Canada selbst seien itzt nicht soviel zu finden als bei uns." Der Erdäpfelsalat wird in der Wiener Küche gerne in noch lauwarmem Zustand serviert.

Wiener Salatmarinade

Zutaten für 4 Portionen

2 cl Apfel- oder Hesperidenessig
4 cl Salatöl
etwas fettfreie, kalte Rindsuppe
Prise Salz
Prise Zucker

Paradeissalat

600 g Paradeiser, eventuell geschält
60 g Zwiebeln, sehr fein geschnitten
6 EL Weinessig
8 EL Öl
Prise Salz
Pfeffer, gemahlen
2 EL Schnittlauch
Prise Zucker

Zubereitung

Salatmarinade

- Alle Zutaten gut vermischen. Blattsalate müssen trocken sein und dürfen erst unmittelbar vor dem Servieren mariniert werden.

Variante: Paradeissalat

1. Paradeiser in feine Scheiben schneiden. Pfeffer, Essig, Öl, Salz und Zucker zu einer Marinade verrühren. Sehr fein geschnittene Zwiebeln beigeben.
2. Marinade über die Paradeiser gießen und vorsichtig zwischen die Scheiben einfließen lassen, mit Schnittlauch bestreuen.

Das Wesen des nach Wiener Art marinierten Salates ist die Tatsache, dass die Marinade mit Zucker gesüßt wird. Eine Ausnahme ist der Wiener Gurkensalat: 1 kg Gurken, geschält, entkernt, werden sehr fein gehobelt, mit Salz bestreut und 20 Minuten beiseite gestellt. Dann händisch fest ausdrücken, 1 Zehe Knoblauch, 3 EL Apfel- oder Weinessig, 6 EL Öl, Pfeffer und eventuell noch etwas Salz einmischen. Mit Paprikapulver bestreuen, gut gekühlt auftragen.
Wie groß die Bedeutung der Altwiener Salatküche war, lässt sich nicht zuletzt daran ermessen, dass der Garde-Manger, in der klassischen Küchenhierarchie für die Zubereitung kalter Speisen und die Fleischvorbereitung zuständig, in Wien als Salater oder Salaterin bezeichnet wurde.

Hausmannskost

Krautwickler ▷ S. 50

Krautfleckerln

Zutaten für 4 Portionen

200 g Fleckerln
600 g Weißkraut, ohne Strunk und Außenblätter
150 g Zwiebeln
60 g Kristallzucker
8 EL Öl oder Schmalz
Salz
Pfeffer, schwarz, gemahlen
etwas Suppe oder Wasser

Beilagenempfehlung:
Häuptelsalat

Zubereitung

1 Fleckerln in reichlich Salzwasser kernig kochen, abseihen, mit kaltem Wasser schwemmen, abtropfen lassen.
2 Öl oder Schmalz erhitzen, Zucker darin dunkel karamellisieren lassen, fein geschnittene Zwiebeln beigeben, durchrösten.
3 Kraut in ca. 1 cm große Quadrate schneiden, ebenfalls mitrösten, mit etwas Suppe oder Wasser untergießen, mit Salz und Pfeffer würzen, kernig dünsten (ca. 30 Minuten), dabei trocken halten.
4 Fleckerln nochmals erhitzen, salzen, pfeffern, mit dem Kraut vermengen.

Krautwickler

Zutaten für 6 Portionen

1 Weißkrautkopf
8 Scheiben Räucherspeck, gut durchzogen
¼ l Suppe, mild
¼ l Sauerrahm
Salz
Pfeffer, schwarz, gemahlen
Fett zum Ausstreichen

Fülle

600 g Rind- und Schweinefleisch, gemischt
1 ½ Semmeln oder
3 Scheiben Weißbrot
60 g Zwiebeln, fein geschnitten
4 EL Butterschmalz, Öl oder Schweineschmalz
1 Ei
Salz
Pfeffer, schwarz, gemahlen
Majoran, gerebelt
Knoblauch, 2 Zehen, zerdrückt
40 g Semmelbrösel
Petersilie, gehackt

Beilagenempfehlung:
Kümmelerdäpfel

Zubereitung

1 Das Fleisch faschieren oder beim Fleischer faschieren lassen. Semmeln oder Weißbrot in Wasser einweichen, auspressen, ebenfalls faschieren.
2 Zwiebeln in Fett anrösten, erkalten lassen.
3 Faschiertes, Weißbrot, Eier, Zwiebeln, Knoblauch, Petersilie und Gewürze verrühren, Semmelbrösel untermengen. Wenn das Faschierte zu trocken erscheint, etwas kaltes Wasser einkneten. Die Masse darf nicht zu lange geknetet werden, da sie sonst zäh wird.
4 Krautkopf von Außenblättern und Strunk befreien. An der Strunkseite auf eine Fleischgabel spießen, in reichlich siedendes Wasser halten, bis sich die Blätter ablösen lassen, Blätter in kaltem Wasser abfrischen.
5 Restliches Kraut in feine Streifen schneiden und in eine gefettete feuerfeste Form geben. Krautblätter flach ausbreiten, Rippen plattieren (glätten), mit Salz und Pfeffer würzen.

6 Faschiertes zu Rollen formen, auf die Krautblätter legen, eine Längsdrehung rollen, Enden umbiegen, weiterrollen.
7 Krautwickler mit dem Abschluss nach unten auf das Kraut gruppieren, mit Speckscheiben belegen, Suppe untergießen und im vorgeheizten Backrohr (200 °C) dünsten. Nach 25 Minuten mit Sauerrahm übergießen, ca. 10 Minuten fertiggaren.

Überbackene Schinkenfleckerln

Zutaten für 6 Portionen

200 g Fleckerln, ungekocht
250 g Schinken oder gekochtes Selchfleisch
50 g Butter
50 g Mehl, glatt
¼ l Milch
¼ l Sauerrahm
4 Eidotter
4 Eiklar
1 Ei
Salz
Pfeffer, weiß, gemahlen
Muskatnuss
Butter zum Ausstreichen
20 g Semmelbrösel (oder Parmesan) zum Bestreuen

Beilagenempfehlung:
Häuptelsalat

Zubereitung

1 Fleckerln in reichlich Salzwasser kernig kochen, abseihen, abschwemmen, abtropfen.
2 Butter schmelzen, Mehl anschwitzen, mit heißer Milch aufgießen, mit Schneerute sehr gut verrühren und 3 Minuten kochen. Überkühlen lassen, Eidotter und Ei einrühren.
3 Schinken kleinwürfelig schneiden, entweder etwas anrösten oder ungeröstet der Béchamelsauce beigeben.
4 Fleckerln und Sauerrahm nacheinander einmengen. Schnee schlagen, unterheben, würzen.
5 Gratinierschüssel ausbuttern, mit Brösel (oder auch geriebenem Parmesan) bestreuen. Im vorgeheizten Backrohr (180 °C) ca. 45 Minuten backen.

Die Überbackenen Schinkenfleckerln sind die „Sonntagsvariante" der Altwiener Schinkenfleckerln, bei der Fleckerln einfach mit in Butter angewärmten Stückchen von Schinken oder Geselchtem vermischt werden. Diese Variante ist auch unter dem Namen „Fleckerlspeis" populär.

Tiroler Gröstl

Zutaten für 4 Portionen

600 g Erdäpfel, speckig, in der Schale gekocht
60 g Tiroler Speck (Frühstücksspeck)
250 g Rindfleisch, gekocht, oder Bratenreste
60 g Zwiebeln, geschält
50 g Schweine- oder Butterschmalz
Salz
Pfeffer, gemahlen
Majoran
1 EL Petersilienblätter, fein gehackt

Zubereitung

1 Erdäpfel in messerrückendicke Scheiben schneiden. Fleisch in Scheibchen oder grobe Streifen, Speck und Zwiebeln gesondert fein schneiden.
2 30 g Schmalz in einer Pfanne erhitzen, Erdäpfelscheiben braun und knusprig braten, mit Salz und Pfeffer würzen.
3 In einer anderen Pfanne 20 g Schmalz erhitzen, Speck und Fleisch rösten, Zwiebeln beigeben, weiter rösten, mit den Erdäpfeln vermischen.
4 Mit zwischen den Handflächen verriebenem Majoran und Petersilie vermischen, nochmals mit Salz und Pfeffer abschmecken.
5 Tipp: Mit je 2 Spiegeleiern belegen und mit Kraut- oder Häuptelsalat servieren.

Das Tiroler Gröstl hat auch eine sehr wohlschmeckende Wiener Verwandtschaft: den Grenadiermarsch. Der Name stammt aus dem Kasernendeutsch. Auch beim Grenadiermarsch handelt es sich um ein klassisches „Restlessen", bei dem gekochte Erdäpfel, übrig gebliebene Teigwaren wie Fleckerln oder Bandnudeln, aber auch Semmelknödel oder Fleischreste mit Fett und Zwiebeln angeröstet und anschließend im heißen Rohr überbacken werden.

Grammelknödel

Zutaten für 8 Stück

Erdäpfelknödelteig

½ kg Erdäpfel, mehlig, in der Schale, am Vortag gekocht, geschält
200 g Weizenmehl, griffig
50 g Weizengrieß
2 Eier
Salz

Fülle

200 g Grammeln
80 g Zwiebeln, geschnitten
3 EL Schmalz oder Öl
Salz
Knoblauch, zerdrückt

Beilagenempfehlung:
Sauerkraut, kalter oder warmer Krautsalat

Zubereitung

Erdäpfelknödelteig

1 Erdäpfel fein faschieren, mit allen Zutaten verkneten. Teig 30 Minuten rasten lassen.

Fülle

2 Fett erhitzen, Zwiebeln darin goldbraun rösten. Grammeln etwas hacken, salzen, Zwiebeln daruntermengen. 8 Kugeln formen und diese eventuell im Tiefkühlfach anfrosten.

3 Teig zu Rolle formen, in 8 Teile schneiden. Teigstücke flach drücken oder mit dem Nudelholz anrollen.
4 Grammelkugel daraufsetzen, mit Teig umhüllen.
5 In siedendem Salzwasser 6 Minuten zart wallend kochen, 6 Minuten ziehen lassen.

Nach demselben Rezept lassen sich auch Knödel mit Speck-, Fleisch oder Wurstfülle herstellen. In Oberösterreich, zumal im Innviertel, formt man besonders kleine Knödel und isst lieber mehr davon. Als Fülle wird hier gerne auch Kübelspeck verwendet, der in einem verschraubbaren Kübel sofort nach dem Schlachten gesurt und nach zwei bis drei Wochen gegessen wird. Eine typische Beilage dazu ist das Stöcklkraut, bei dem der Krautkopf nicht gehäckselt und gesäuert, sondern vor dem Kochen in Salzwasser in gleichmäßige Stücke, die sogenannten „Stöckl“ geschnitten wird. Ein Rezept dafür finden Sie unter dem Stichwort Leberschäd’l (s. S. 79).

Hafoloab

Zutaten für 4 Portionen

100 g Weizengrieß
100 g Maisgrieß
Salz
50 g Butterschmalz
½ l Wasser
120 g griffiges Mehl
2 l Selchsuppe
100 g Zwiebeln

Zubereitung

1. Den Weizen- und den Maisgrieß mit dem Salz in das kochende Wasser einrieseln lassen und alles gut verrühren. Zur Seite stellen und 20 Minuten quellen lassen.
2. Nun mit dem Mehl vermengen. Aus dem Teig formt man zwölf Stangen, gibt sie in die leicht kochende Selchsuppe und lässt sie 30 Minuten bei schwacher Hitze kochen.
3. Herausnehmen und mit in Butterschmalz gerösteten Zwiebelstreifen anrichten.

Hafoloab, auch Hafeloab, ist eine Spezialität aus den Vorarlberger Hofsteiggemeinden Wolfurt, Schwarzach, Hard, Lauterach, Bildstein und Buch, die auch gerne darüber rittern, wer das Originalrezept „erfunden" hat. Der Name wird vom Kochen in einem Topf (Häfen = Hafo) hergeleitet. Besonders gerne wird Hafoloab als Beilage zu Schweinebraten serviert. In Scheiben geschnitten wird er zusammen mit Selchfleisch in einer Gerstensuppe als Hofsteiger Eintopf gereicht. Gefüllt mit einer Scheibe gekochtem Selchfleisch oder mit klein geschnittenem Speck, wird er in Lustenau als „Hafoloab mit Seele" bezeichnet. „Hafoloab mit Sießlarschnitz", einem Kompott aus frischem oder gedörrtem Obst, ist besonders in Dornbirn beliebt.

Kässpätzle

Zutaten für 6 Portionen

¼ l Wasser
6 Eier
600 g doppelgriffiges Mehl
80 g alter Bergkäse
80 g Räßkäse
80 g Bregenzerwälder Schnittkäse
Salz
Muskatnuss
Pfeffer, schwarz, gemahlen
60 g Butter
150 g Röstzwiebeln

Zubereitung

1 Das Wasser mit Salz, Muskatnuss und Eiern verschlagen, das gesiebte Mehl mit einem Kochlöffel kurz daruntermengen, und zwar so, dass noch ein wenig Mehl sichtbar bleibt. Den Spätzleteig sofort durch ein Spätzlesieb in kochendes Salzwasser drücken, einmal aufkochen lassen, aus dem Wasser heben, abtropfen lassen und in eine feuerfeste Schüssel geben.

2 Zwischen den einzelnen Lagen den geriebenen Käse darüberstreuen und mit Salz und Pfeffer würzen.

3 Mit heißer Butter übergießen und die goldbraun gerösteten Zwiebeln darübergeben. Eventuell noch kurz ins heiße Rohr stellen.

4 Dazu reicht man Kartoffelsalat.

Spätzle gelten als Vorarlberger Nationalgericht, werden aber, wenn sie kürzer und unter größerem Druck durch das Sieb gepresst werden, Knöpfle genannt. Das Grundrezept ist auch hier ein Nockerlteig, wie er in der österreichischen Küche allenthalben einen unverzichtbaren Bestandteil der Hausmannkost darstellt. Während die Nockerln in Gebirgsregionen meist mit geschmolzenem Käse serviert werden, sind das klassische Wiener Nockerlrezept die Eiernockerln. Hier werden die Nockerln nach dem Abtropfen in heißer Butter geschwenkt und mit versprudelten Eiern übergossen, die jedoch nicht stocken dürfen. Dazu serviert man grünen Salat. (siehe dazu auch das Rezept für Butternockerln beim Stichwort Paprikahuhn, S. 97).

Steirischer Sterz
➢ Heidensterz

Zutaten für 4–5 Portionen

1 l Wasser
2 TL Salz
1 EL Schmalz
300 g Heidenmehl (Buchweizenmehl)
100 g Speckwürfel oder Grammeln

Zubereitung

1. Salzwasser und Schmalz in einem eher schmalen Topf aufkochen.
2. Heidenmehl in einem Schwung dazugeben, mit Kochlöffel etwas formen und mit dem Kochwasser etwas übergießen, so dass ein großer Klumpen entsteht.
3. Die Masse bei kleiner Hitze zugedeckt ca. 20 Minuten quellen lassen.
4. Restliches Kochwasser vorsichtig mit Hilfe eines Deckels abgießen und auffangen. Den eher trockenen Sterzklumpen (am besten mit einer zweizinkigen Fleisch- bzw. Sterzgabel) zerteilen. Kochwasser nach Bedarf in kleinen Mengen bzw. eher löffelweise nach und nach langsam zugießen und die Masse mit der Gabel auflockern, so dass gleichmäßige Klümpchen entstehen.
5. Schmalz erhitzen, Speck oder Grammeln darin knusprig braten und den Sterz damit „abschmalzen“.

➣ Heidensterz gelunden

Zutaten für 4–5 Portionen

300 g Heidenmehl (Buchweizen)
ca. ½ l heißes Wasser, gut gesalzen
1 EL Schmalz
Schmalz oder Grammelschmalz zum Abschmalzen

Zubereitung

1 Heidenmehl in trockener Pfanne leicht erwärmen (linden = dextrinieren), bis ein angenehm nussiger Duft entsteht.
2 Langsam bzw. nach und nach mit Wasser (heiß, gut gesalzen und mit Schmalz versetzt) aufgießen und rühren bzw. mischen, bis kleine, gleichmäßige Klumpen entstehen.
3 Vom Feuer nehmen und zugedeckt etwas ausdünsten lassen. Vor dem Servieren mit Schmalz oder Grammelschmalz abschmalzen.
4 Für eine andere Variante wird mit dem Heidenmehl ein Schmarrenteig hergestellt und in der Pfanne mit reichlich Schmalz gebacken (Pfannensterz).

➣ Türkensterz

Zutaten für ca. 4 Portionen

350 g Maisgrieß / Polenta (Türkischer Weizen oder Kukuruz)
100 g Schweineschmalz
100 g zerkleinerte Speckgrammeln (Grieben)
ca. ½ l Wasser
Salz

Zubereitung

1. Wasser mit Salz und der Hälfte vom Schmalz aufkochen. Den Maisgrieß langsam einlaufen lassen und mit einem Holzlöffel (in Form einer 8) rühren, bis eine dickcremige Masse entsteht. Zudecken und am Herdrand ca. 20 Minuten ausdampfen bzw. quellen lassen.
2. Mit einer Gabel (am besten eignet sich dafür eine zweizinkige Sterzgabel) auflockern, bis kleine Klumpen entstehen.
3. Grammeln in heißem Schmalz anbraten und zum Sterz geben bzw. den Sterz mit den Grammeln abschmalzen.
4. Traditionell wird dieser Sterz mit Milchkaffee oder Häferlkaffee zum Frühstück oder am Abend genossen. Weiters wird er zu Schwammerlsuppe, Saurer Suppe, Rindsuppe, Sauermilch oder Milch serviert.

Der Sterz ist im bäuerlichen Alltag der Steiermark, aber auch im benachbarten Kärnten und Burgenland ein über Jahrhunderte bewährtes Grundnahrungsmittel, das nicht nur nahrhaft ist, sondern sich auch relativ schnell zubereiten lässt. Ein Sterz, sagt ein scherzhaftes Sprichwort, braucht nicht länger zu kochen, als eine langsame Magd benötigt, um über den Stubenboden zu gehen. Der Heidensterz wird nach dem Dialektausdruck für Buchweizenmehl auch Haadnsterz genannt. Die Bezeichnung Türkensterz oder Türkischer Weizen geht auf Bekanntwerden der Mais- bzw. Kukuruzpflanze zur Zeit der Türken- und Kuruzzeneinmärsche zurück.

➣ Bohnensterz (Haadana Paundlsteaz)

Zutaten für 4 Portionen

150 g Wachtelbohnen (Paundln)
200 g Heidenmehl (Haadn)
¾ l Wasser
Salz
80 g Schmalz

Zubereitung

1 Die vorgeweichten Bohnen im Salzwasser weich kochen, abseihen und das Bohnenwasser aufheben.
2 Dann das Heidenmehl (Buchweizenmehl) in einer heißen Pfanne linden (d.h. ohne Fett unter ständigem Rühren erhitzen, ohne es braun werden zu lassen), bis das Mehl dampft.
3 Das Bohnenwasser zum Mehl gießen und kräftig verrühren, bis das Mehl die Flüssigkeit aufgenommen hat und der Sterz locker wird. Im Rohr ziehen lassen.
4 Dann die Bohnen dazumengen und zum Schluss das heiße Schmalz darübergießen und vermengen.

Bohnenstrudel

Zutaten für 8 Portionen

Strudelteig

200 g Mehl, glatt
ca. 0,1–0,25 l Wasser, lauwarm
1 EL Öl
Prise Salz
Mehl zum Bestreuen
(Zubereitung siehe Apfelstrudel, Seite 160)

Bohnenmasse

150 g Weizengrieß
100 g Schmalz
300 g weiße Bohnen
100 g Speck, gewürfelt
Salz
Pfeffer
Majoran, gerebelt
Backschmalz

Zubereitung

1. Die Bohnen am Vortag einweichen.
2. Bohnen weich kochen, abseihen und das Kochwasser beiseite stellen.
3. Grieß im heißen Schmalz leicht anrösten, mit etwas Bohnenwasser aufgießen und quellen lassen.
4. Die Grießmasse mit den gekochten Bohnen und den gerösteten Speckwürfeln vermischen, auf den gezogenen Strudelteig geben, einrollen und in handtellergroße Stücke teilen.
5. Im heißen Backschmalz schwimmend herausbacken.

Beilagenempfehlung:
grüner Salat

Bohnensterz und Bohnenstrudel sind zwei klassische Gerichte aus der burgenländischen Bauernküche. Besonders der Bohnensterz lässt sich äußerst vielseitig einsetzen. Man kann ihn mit Buttermilch oder Kompott servieren. Man kann aber den fertigen Sterz auch mit gerösteten Speckwürfeln anrichten und dazu Blattsalat reichen. Ebenso berühmt wie der Bohnenstrudel ist auch der Krautstrudel, der im Burgenland nach folgendem Rezept zubereitet wird (s. S. 62).

Krautstrudel

Zutaten für 8 Portionen

Strudelteig

200 g Mehl, glatt
ca. 0,1–0,25 l Wasser, lauwarm
1 EL Öl
Prise Salz
Mehl zum Bestreuen
(Zubereitung siehe Apfelstrudel, Seite 160)

Krautfülle

1 Krautkopf
Salz
Pfeffer
Kümmel, gemahlen
2 EL Schmalz
150 g Grammeln, fein gehackt

Zubereitung

1. Margarine zergehen lassen, warme Milch dazugeben. Ei in das Mehl einrühren und mit dem Margarine-Milch-Gemisch zu einem weichen, geschmeidigen Teig verarbeiten.
2. Laib formen, mit Öl bestreichen und ca. 1 Stunde an einem warmen Ort rasten lassen.
3. Kraut fein hobeln, salzen und ca. ½ Stunde rasten lassen. Ausdrücken und in heißem Fett mit den Grammeln rösten.
4. Etwas abkühlen lassen, auf den ausgezogenen Strudelteig verteilen, Pfeffer, Kümmel dazugeben, einrollen und mit der Naht nach unten auf ein Backblech legen, mit Schmalz oder verschlagenem Ei bepinseln und bei 180 °C ca. 30 Minuten backen.

Ritschert

Zutaten
für ca. 4–6 Portionen

1 EL Schmalz oder Öl
1 kleine Zwiebel, fein geschnitten
2–3 EL Sellerie, kleinwürfelig geschnitten oder geraspelt
1 l Selchsuppe (oder Rindsuppe)
100 g weiße Bohnen, über Nacht eingeweicht (= ca. 200 g)
150 g Rollgerste, eingeweicht
2 Lorbeerblätter
Liebstöckel, Salz, Pfeffer, Thymian oder Salbei
1 Knoblauchzehe, geschnitten
150 g Geselchtes (vom Hals, Stelze oder Ripperl) gekocht, klein gewürfelt
150 g rohe mehlige Erdäpfel, gewürfelt

Zubereitung

1 Zwiebeln in Schmalz anrösten, Sellerie mitdünsten und mit Suppe aufgießen.

2 Bohnen und Rollgerste sowie Gewürze dazugeben und auf kleiner Flamme langsam ca. 1 ½–2 Stunden köcheln lassen. (Achtung, brennt leicht an!) Öfters umrühren, eventuell mit Suppe aufgießen.

3 Nach ca. 1 Stunde Erdäpfel dazugeben, ca. 1 Stunde köcheln lassen.

4 Selchfleisch dazugeben, gut abschmecken und servieren.

Ritschert ist ein deftiges, vor allem in der steirischen und Kärntner Küche sehr populäres Eintopfgericht, das je nach Region oft in sehr unterschiedlichen Rezepten zubereitet wird. Gleichgültig, ob man Ritschert mit Bohnen, Speck, Geflügel oder Fleisch serviert, so bleibt der Hauptbestandteil jedoch immer die Gerste (Rollgerste bzw. Gerstbrein).

Kärntnernudel – Käsnudel (Kasnudel)

Zutaten für 4 Portionen

Nudelteig

500 g Mehl
2 Dotter
3 EL Öl
Salz
Wasser nach Bedarf

Zubereitung

– Alle Zutaten fest zusammenkneten, den Teig eine halbe Stunde lang rasten lassen. Danach für beliebige Fülle verwenden.

– Bleiben gekochte Nudel übrig, kann man sie in Butterschmalz anbraten („angebrantschelte Kasnudeln"); oder die gekochten Käsnudel in breite Streifen schneiden und in Butterschmalz und etwas Milch anbraten. So bekommen sie eine braune Kruste – früher wurden diese Käsnudel mit einem „Häfalan Kaffee" als Frühstück oder Abendessen serviert.

Die Kärntner Nudel (nicht Nudeln!) sind, gerade weil sie sich von den Pasta-Gerichten des Südens so markant und nahrhaft unterscheiden, ein in vielen – salzigen wie süßen – Geschmacksfacetten schillerndes Wahrzeichen der Kärntner Küche. Die Größe der Kärntner Nudel ist in den einzelnen Kärntner Tälern höchst unterschiedlich: In Oberkärnten werden fast handgroße Faustnudel gemacht. In Mittel- und Unterkärnten sind die Nudel kleiner, meist werden sie nur ausgestochen oder ausgeradelt. Obwohl die Kärntner Nudel heute vielfach als Convenience-Produkt erhältlich sind, ist die Kunst, sie richtig zuzubereiten, noch immer eine Frage der Hausfrauenehre. „A Kärntnerin, die wos net krendeln konn, die kriagt kann Monn", heißt es nach wie vor. Wobei unter der Kunst des „Krendelns" die Fähigkeit zu verstehen ist, den Rillenrand der Nudel mit flinken Fingern aus dem Handgelenk heraus ornamental zu formen.

Nudelfüllen
➣ I – Topfen-Erdäpfelfülle

500 g Bröseltopfen
400 g mehlige Erdäpfel, gekocht und passiert
Minze
Kerbelkraut
Salz

Zubereitung

1 Alle Zutaten mischen, aus der Masse kleine Kugerl formen.
2 Nudelteig dünn ausrollen, mit den Kugerl aus der Nudelfülle in kleinen Abständen belegen, restlichen Teig darüberschlagen und andrücken, die Nudel ausrollen oder ausstechen.
3 Die Nudel in kochendem Salzwasser ca. 4–6 Minuten leicht kochen. Herausheben, abtropfen lassen und mit Butterschmalz oder Grammeln servieren.

➣ II – Breinfüllung

500 g Topfen
180 g Brein (Hirse)
1 Schalotte
2 EL Öl
Minze
Kerbel
½ l Wasser
Salz

Zubereitung

1 Den Brein waschen, ca. 15 Minuten im Wasser weich kochen, abseihen, die Schalotte fein hacken und in Öl anschwitzen.
2 Brein, Topfen, Gewürze und Schalotten mischen. Kleine oder größere Nudelbällchen formen.

➣ III – Semmelfüllung

500 g Bröseltopfen
1 Ei
1 kleine Zwiebel oder Porree, gehackt
2 Semmeln, würfelig geschnitten
1 EL Butter
1 EL Milch
Minze
Salz

Zubereitung

1 Zwiebel oder Porree in Butter anschwitzen, die Semmelwürfel kurz mitrösten, Milch darübergießen, alle Zutaten mischen, gut kneten.
2 Aus der Masse Kugerl formen.

➣ IV – Rote-Rüben-Topfennudel

500 g Bröseltopfen
1 bis 2 gekochte, geriebene Rote Rüben
Salz
Kümmel
Prise Zucker
Kren

Zubereitung

- Alle Zutaten kneten und Kugerl formen. Gekochte Nudel mit zerlassener Butter, Parmesan und Schnittlauch servieren.
- Süße Variante: Fülle ohne Kren und Kümmel, dafür etwas Mohn darüberstreuen. Die Nudel mit Honigbutter servieren.

V – „Arme-Leute-Kärntner-Nudel“

800 g gekochte, passierte Erdäpfel
1 Zwiebel, gehackt, angeschwitzt
Porree
Minze
Majoran, gerebelt
Pfeffer, schwarz, gemahlen
Salz

Zubereitung

– Alles kneten und kleine Kugerl formen. In diese Masse kann man auch angeröstete Pilze (etwa Eierschwammerl oder Steinpilze) mischen.

VI – Kärntner Nudel mit Schafsfrischkäse

400 g Schafskäse vom Bauern
Thymian oder Basilikum
Salz
Pfeffer, schwarz, gemahlen

Zubereitung

– Zutaten vermischen und abschmecken. Kugerl formen.

VII – Fleischnudel

500 g Selchbauch oder -schulter, gekocht, faschiert
1 Zwiebel
1 EL Öl
1 Ei
Majoran, gerebelt
Petersilie, gehackt
1 Knoblauchzehe, zerdrückt
ca. 100 g Brösel
Pfeffer, schwarz, gemahlen
Salz

Zubereitung

1 Zwiebel in Öl rösten, zerdrückte Knoblauchzehe und Kräuter mitrösten, alle Zutaten vermengen, kleine oder große Nudel machen, krendeln.
2 Zu diesen Nudel passen Sauerkraut, Saure Rüben oder Salat.

➣ VIII – Kletzennudel

400 g Kletzen (Dörrbirnen), gekocht
400 g Bröseltopfen
50 g Kristallzucker oder
3 EL Honig
1 TL Zimt
Prise Piment oder
gestoßene Gewürznelken
etwas Rum

Zubereitung

1 Gekochte Kletzen faschieren, mit anderen Zutaten gut verkneten.
2 Masse zu kleinen Kugerln oder „Nockerl" für Faustnudel formen.
3 Serviert werden die Kletzennudel mit Honig, Butter oder Zucker/Zimt, dazu passt Apfelmus.

➣ IX – Mohnnudel

200 g geriebener Mohn
250 g Bröseltopfen
50 g Schwarzbrot
1 Ei
1 TL Zimt
2 EL Zucker
50 g Brösel oder geriebene Nüsse
3 EL Honig
etwas Rum
etwas Zitronenmelisse

Zubereitung

1 Alle Zutaten mischen und wie Kärntner Nudel weiterverarbeiten.
2 Mit Honig, Butter und Zimt servieren, auch Apfelmus passt gut dazu.

➣ X – Apfel-Topfennudel

400 g Bröseltopfen
5 Äpfel
etwas geriebene Nüsse
Rum
5 EL Zucker
Vanillezucker
Zitronenschale und
Zitronensaft

Zubereitung

– Äpfel reiben, mit den geriebenen Nüssen und den anderen Zutaten vermengen, Kugeln formen.

➣ XI – Zwetschkennudel

40 Stück Zwetschken
(oder Marillen)
40 Stück Würfelzucker
Nüsse, geröstet
Zucker
Zimt
Zitronenschale
2 EL Honig
ca. ⅛ l Schlagobers

Zubereitung

1 Zwetschken entkernen, Würfelzucker hineingeben; oder Zwetschken (Marillen) kleinwürfelig schneiden, mit gerösteten Nüssen oder Brösel, Zucker, Zimt, Zitronenschale vermengen.
2 In Nudel füllen.
3 Honig mit Obers aufkochen und über die Nudel gießen, mit Nüssen bestreuen.

Fisch

Halaszlé

Zutaten für 6 Portionen

ca. 1500 g Fisch (im Ganzen, Karpfen, Wels, Hecht, Barsch)
2 Paprikaschoten
2 Paradeiser
2 große Zwiebeln
ca. 2 EL Rosenpaprika
1–2 scharfe Paprikaschoten
Salz
Salzstangerl

Das Rezept der im Burgenland auch heute noch populären Halaszlé (ung. hálas = Fischer) stammt ursprünglich aus der Gegend rund um die ostungarischen Stadt Szeged und hat sich von dort bis Westungarn verbreitet. Es handelt sich dabei eher um einen Fischeintopf als um eine Fischsuppe. Obwohl das Burgenland nach der Volksabstimmung im Jahr 1922 zu Österreich kam, hat sich der ungarische Name Halaszlé bis heute erhalten. In der altösterreichischen Variante der Halaszlé werden im Gegensatz zum Original häufig auch geschnittene Erdäpfelscheiben mitgekocht. Unter dem Namen „Neusiedlersee Fischsuppe" wird mitunter ebenfalls eine klassische Halaszlé serviert, die Bezeichnung wird aber auch für Suppen aus Neusiedlerseefischen ohne Paprikazugabe gebraucht. Besonders beliebt ist das folgende Rezept (s. S. 72).

Zubereitung

1 Die Fische schuppen, ausnehmen (Fischmilch und Rogen aufbewahren), entgräten und waschen.
In kleine Stücke schneiden (ca. 50 g) und salzen.
2 Die Paprikaschoten und die Paradeiser in kleine Stücke und die Zwiebeln in feine Ringe schneiden.
3 Die Fischköpfe, Mittelgräten, Flossen zusammen mit den Zwiebelringen in einen Topf geben und mit Wasser auffüllen, so dass alles bedeckt ist. Aufkochen, den Rosenpaprika dazugeben und ca. eine Stunde köcheln lassen.
4 Die fertige Fischsuppe abseihen und zusammen mit den Fischstücken in einen Topf geben.
5 Rogen und Fischmilch, Paradeiser und Paprikastücke hinzufügen und etwa 15–20 Minuten bei starker Hitze gar kochen. Man darf die Fischsuppe nicht umrühren, sondern nur den Topf hin- und herbewegen.
6 Man kann diese Suppe auch nur mit einer Fischart machen. Sie wird mit Salzstangerl serviert.

Gebundene Fischsuppe

Zutaten für 4 Portionen

500 g Karpfenfilet
50 g Butter
50 g Mehl
Salz
Pfeffer
Knoblauch
Thymian

1 Eidotter
20 g Butter
80 g Karotten
80 g Sellerie
80 g Petersilienwurzel
80 g Pilze

Zubereitung

1 Karpfenfilet mit Salz, Pfeffer, Knoblauch, Thymian und einem Teil des Wurzelgemüses pochieren, Karpfenfilet herausheben, Sud durch ein Passiertuch seihen.
2 Aus Butter und Mehl eine Einmach bereiten, darin das gerissene Gemüse rösten.
3 Den pochierten Karpfen enthäuten, in kleine Würfel schneiden, zum Gemüse dazugeben und mit dem Fischfond aufgießen.
4 Im Suppentopf den Dotter mit etwas zerlassener Butter verquirlen, die heiße Suppe darübergießen und in Butter gedünstete Pilze darüberstreuen.
5 Zur dieser Art von Fischsuppe passen hervorragend Grammelpogatschen, die nach folgendem Rezept zubereitet werden (s. S. 73).

➢ Grammelpogatschen

Zutaten für 24 Pogatschen

1 EL Milch zum Auflösen
30 g Germ
450 g Mehl, glatt
350 g Grammeln, feinst gehackt
1 Ei
1 Dotter
3 EL Rahm
4 cl Beerenauslese
Salz
Pfeffer
Ei zum Bestreichen

Zubereitung

1 Milch leicht erwärmen, Germ mit wenig Mehl und Salz darin auflösen und das so entstandene Dampfl kurz gehen lassen.

2 Inzwischen Grammeln fein hacken oder grob cuttern und mit dem Mehl auf einer Arbeitsfläche abbröseln. Ei, Dotter, Rahm, Wein und Gewürze dazugeben und gemeinsam mit dem Dampfl zu einem Teig verkneten.

3 Den Teig dünn ausrollen und wieder zusammenschlagen, diesen Vorgang dreimal wiederholen und dann an einem warmen Ort ca. 30 Minuten rasten lassen. Den Teig auf eine Dicke von ca. 2,5 cm ausrollen und mit einer runden Form kleine Krapfen ausstechen.

4 Diese auf ein gut befettetes Blech legen, dann an der Oberseite der Pogatschen mit einem scharfen Messer ein Gitter einschneiden und mit dem Ei bestreichen.

5 20 Minuten rasten lassen und bei 180 °C ca. 15 Minuten goldgelb backen.

Hechtnockerln

Zutaten für 4 Portionen

500 g Hecht- oder Zanderfilet ohne Haut
ca. 4 dl Schlagobers
Salz
Pfeffer, weiß

Salzwasser zum Pochieren
Dill- oder Krebssauce zum Garnieren

Beilagenempfehlung:
Reis

Zubereitung

1 Alle Zutaten gut kühlen. Fischfilet klein schneiden. Im Blitzschneider unter ständiger Beigabe von Obers zu einer glatten, homogenen Masse verarbeiten. Farce durch ein Sieb streichen, würzen. Eventuell gehackte Dillspitzen untermengen.
2 Hechtfarce mittels nasser Innenhand und in Wasser getauchtem Suppenlöffel zu Nockerln formen.
3 Reichlich Salzwasser auf ca. 90 °C erhitzen. Nockerln einlegen, 8–10 Minuten ziehen lassen, wenden.
4 Aus dem Wasser heben, anrichten, mit Dill- oder Krebssauce überziehen.

Ursprünglich wurde das Hechtfilet im Mörser zur Farce zerkleinert und mit Semmel- oder Mehlpanade und Eiweiß gebunden. In der altösterreichischen Küche wurden die Hechtnockerln auch mit Nierenfett, Eiern und Brandteig zubereitet und in einer Sauce aus mit Dotter legiertem Weißwein serviert.

Wurzelkarpfen

Zutaten für 4 Portionen

1 kg Karpfenfilet
150 g Zwiebeln
200 g Wurzelwerk (Karotten, Sellerie, gelbe Rüben)
20 g Butter
Salz
8 Pfefferkörner
1 Lorbeerblatt
etwas Thymian
Essig (Hesperidenessig), nach Geschmack
ca. 1 l Wasser
Petersilie, gehackt

Beilagenempfehlung:
Salzerdäpfel

Zubereitung

1 Wasser, halbe Zwiebelmenge (grob geschnitten), Gewürze und Essig gemeinsam aufkochen.
2 Karpfenstücke an der Hautseite mehrmals leicht einschneiden (ziselieren), in den Sud legen und knapp unter dem Siedepunkt ca. 15 Minuten ziehen lassen.
3 Wurzelwerk schälen, in feine, ca. 5 cm lange Streifen sowie restliche Zwiebeln in Ringe schneiden. In Butter leicht andünsten, mit Karpfensud bedecken, knackig garen.
4 Karpfen aus dem Sud heben, anrichten, Wurzelstreifen erhaben auf die Stücke gruppieren und mit gehackter Petersilie bestreuen.

Gebackener Waldviertler Karpfen

Zutaten für 4 Portionen

800 g Karpfenfilet
2 Eier
Salz
etwas Mehl, glatt
Semmelbrösel zum Panieren
Öl zum Backen
Zitronenspalten und Petersilie zum Garnieren

Beilagenempfehlung:
Vogerlsalat und Erdäpfel (Kipfler)

Zubereitung

1 Haut in kurzen Abständen einschneiden, Karpfenfilet in ca. 6 cm breite Stücke portionieren. Kräftig salzen, auch in den Schnittstellen, in Mehl, verschlagenen Eiern und Semmelbröseln panieren.
2 In heißem Öl schwimmend beidseitig langsam goldbraun backen (ca. 13 Minuten).
3 Aus dem Fett heben, mit Küchenkrepp abtupfen. Garniert anrichten.

Nach diesem Rezept lassen sich auch andere Fische zubereiten. Besonderer Beliebtheit unter den heimischen Süßwasserfischen erfreut sich dabei der Gebackene Zander.

Karpfen kroatische Art

Zutaten für 4 Portionen

800 g Karpfenfilet
Salz
Pfeffer
Zitrone
Mehl
Knoblauch
150 g Butter

Beilagenempfehlung:
Salzerdäpfel und Salat

Zubereitung

1 Karpfenfilet in 8 Stücke teilen, an der Hautseite leicht einschneiden, salzen, pfeffern und mit Zitronensaft beträufeln.
2 In Mehl wenden und in Butter langsam in der Pfanne braten, die Filets herausnehmen und den Bratenrückstand mit der restlichen Butter aufschäumen, zerdrückten Knoblauch dazugeben und über die Filets gießen.

Karpfen auf Raizer Art

Zutaten für 4 Portionen

1 Karpfen, ca. 1200 g
500 g Erdäpfel, gekocht, in Scheiben geschnitten
120 g Speck
50 g Fett
2 Zwiebeln
½ EL Paprika, edelsüß
⅛ l Sauerrahm
4 Paradeiser
4 grüne Paprikaschoten
Salz
30 g Butter

Zubereitung

1. Eine Lage gekochte Erdäpfelscheiben in eine mit Butter bestrichene Pfanne bzw. feuerfeste Schüssel geben, den in Filets zerlegten, mit Speckstreifen gespickten Karpfen darauflegen.
2. Eine fein geschnittene Zwiebel anrösten, Paprika beifügen, mit einem EL Wasser aufgießen und dick einkochen.
3. Mit geviertelten Paradeisern und Paprikaschoten-Scheiben vermengen, salzen. Das Gemisch über den gesalzenen Fisch geben und Sauerrahm dazugießen.
4. Im vorgeheizten Backrohr (ca. 180 °C) 35–40 Minuten dünsten. Der Fisch darf nicht anbrennen, daher immer gut brodeln lassen.
5. Den restlichen Speck und die zweite Zwiebel im eigenen Fett anrösten und vor dem Servieren darübergeben.

Raizen ist der ungarische Name für die Serben, von denen dieses Rezept stammt und auch ins benachbarte Ungarn gelangte. Die Wiener Variante des „Karpfen serbisch“ ist dem Original gegenüber wesentlich vereinfacht. Der Karpfen wird an der Hautseite lediglich kräftig mit Knoblauch, Salz und Paprika eingerieben, mit Mehl bestäubt und in Fett herausgebraten. Dazu reicht man kalte Knoblauchbutter. Im Burgenland hat sich dank der kroatischen Minderheit bis heute auch noch das Rezept „Karpfen kroatischer Art“ (s. S. 76) erhalten.

Innereien

Leberschäd'l

Zutaten für 8 Portionen

600 g Schweinsgoder
400 g Schweinsschulter
300 g Schweinsleber
5 Semmeln vom Vortag
¼ l Milch
4 Eier
35 g Knoblauch
200 g Zwiebeln, geröstet
200 g Schweinenetz
Salz
Pfeffer, schwarz, gemahlen
Majoran, gerebelt
Kümmel, ganz

Stöcklkraut

1 Kopf Weißkraut
2 EL Kümmel, ganz
Salz
Zucker
Apfelessig
Bratenfett zum Übergießen

Zubereitung

1 Goder und Schulter faschieren, Leber mit einem scharfen Messer schaben.
2 Semmeln in Milch einweichen, ausdrücken und ebenfalls faschieren.
3 Zwiebeln mit Petersilie samt Stängel anschwitzen und ebenfalls faschieren.
4 Aus all diesen Zutaten eine homogene Masse rühren und mit den Gewürzen abschmecken.
5 Eine Bratenform mit Schweinsnetz auslegen, Masse einfüllen und das Schweinsnetz darüber zusammenschlagen. Im Rohr bei ca. 160 °C 70 Minuten bräunen lassen. Mit Stöcklkraut und Salzerdäpfel servieren.

Stöcklkraut

1 Den Krautkopf in 6–8 Stöckln (Schnitten) schneiden und in reichlich gesalzenem Wasser unter Beigabe von Kümmel, Zucker und einem Schuss Apfelessig kernig kochen.
2 Abtropfen lassen und mit Bratenfett übergießen.

Der Leberschäd'l, auch Leberbunkel genannt, ist als klassisches Schlachttagsprodukt vor allem im Oberösterreichischen verbreitet. Dazu passt als klassische Beilage ein Stöcklkraut.

Tiroler Leber

Zutaten für 4 Portionen

600–700 g Kalbsleber
2–3 EL Butterschmalz oder Öl
1–2 EL gehackte Zwiebeln
3 EL Butter
ca. 150 ml Rindsuppe oder Wasser zum Aufgießen
1–2 KL Kapern
etwas Zitronensaft und -schale
3–4 EL Rahm
Salz
Pfeffer
Mehl zum Wenden und Stauben
eventuell gebratene Speckstreifen zum Garnieren

Zubereitung

1 Die Kalbsleber gut enthäuten, allfällige Stränge entfernen, und in größere Streifen schneiden. Die Leberstreifen rundum mit Pfeffer würzen und auf einer Seite mit Mehl bestauben.
2 In einer Pfanne das Schmalz oder Öl erhitzen, die Leber bei großer Hitze rundum rasch anbraten, aus der Pfanne heben und warm stellen.
3 Das überschüssige Fett wird nun aus der Pfanne abgegossen und durch frische Butter ersetzt, die man kurz aufschäumen lässt.
4 Die fein gehackten Zwiebeln darin hell anschwitzen, mit etwa 1 EL Mehl stauben und mit Rindsuppe ablöschen.
5 Inzwischen die Kapern fein hacken und gemeinsam mit der geriebenen Zitronenschale in die Sauce einrühren, kurz durchrühren und anschließend den versprudelten Rahm zugeben.
6 Einige Minuten kräftig durchkochen lassen, mit Zitronensaft abschmecken, die Leberstreifen wieder einlegen, salzen und Hitze reduzieren. Die Leber soll nur mehr kurz in der Sauce ziehen.
7 Je nach Wunsch können die Leberfilets abschließend noch mit gebratenen Speckstreifen garniert werden.

Zillertaler Ofenleber

Zutaten für 4 Personen

500 g Schweinsleber, durch die mittlere Scheibe faschiert
500 g Schweinebrust, mit Fett, ohne Schwartl, durch die mittlere Scheibe faschiert
20 g Mehl
200 g Erdäpfel, roh, gerieben
1 Schweinsnetz

Knödelmasse

400 g Semmelwürfel
2 Eier
1/16 l Milch
300 g Zwiebeln, mit 100 g Butterschmalz leicht angeschwitzt
3 Knoblauchzehen, fein gehackt
Salz
Pfeffer, frisch gemahlen
5 g Majoran, gerebelt
5 g Petersilie, gehackt

Zubereitung

1 Alle Zutaten der Knödelmasse vermengen und eine halbe Stunde ziehen lassen.

2 Wenn die Knödelmasse die Feuchtigkeit aufgesogen hat, alle restlichen Zutaten beigeben und gut durchkneten, bis man keine Brotstücke mehr sieht.

3 Eine Kastenform (ca. 30 cm lang, 14 cm breit) mit frischem Schweinsnetz auslegen und zum Zuklappen auf einer Seite heraushängen lassen. Die Lebermasse fest hineindrücken und mit dem überlappendem Schweinsnetz bedecken. Im vorgeheizten Backrohr (220 °C) 45 Minuten backen.

Beilagenempfehlung:

Salzkartoffel, Schweinsbratlsauce

Die Leber „à la tyrolienne" (siehe Tiroler Leber, Seite 80) hat nicht nur in die Wiener, sondern auch in die internationale Küche Eingang gefunden. Nach dem Originalrezept handelt es sich dabei um mit Zwiebeln geröstete Kalbsleberscheiben, die in einer mit Kapern und Zitronenschale abgeschmeckten Rahmsauce serviert werden. In anderen Rezepten werden die Leberschnitzel zuvor mit Speck oder Sardellenstreifen gespickt. Die klassische Beilage dazu sind Salzerdäpfel. Die Tiroler Leber ist nicht das einzige typisch tirolerische Leberrezept. Ebenso typisch, wenngleich nicht ganz so bekannt, ist das autochthone Gericht Zillertaler Ofenleber.

Geröstete Leber

Zutaten für 4 Portionen

700 g Kalbs- oder Schweinsleber, ohne Haut und Nervenstränge
120 g Zwiebeln
8 EL Öl
Salz
Pfeffer, schwarz, gemahlen
Majoran, gerebelt
Essig (Apfel- oder Hesperidenessig)
Prise Mehl, glatt, zum Stauben
¼ l Suppe oder brauner Fond
30 g kalte Butterstücke zum Montieren des Saftes
eventuell etwas Sauerrahm

Beilagenempfehlung:
Reis

Zubereitung

1 Leber in messerrückendicke, ca. 4 cm lange Scheiben schneiden, kräftig würzen, aber noch nicht salzen.

2 Zwiebeln feinwürfelig oder in Scheiben schneiden. 4 EL Öl erhitzen, Zwiebeln lichtbraun rösten. (Wenn molliger Saft gewünscht wird, leicht mit Mehl stauben, durchrühren.)

3 Mit Suppe oder Fond aufgießen, 4 Minuten kochen lassen.

4 In Bratpfanne restliches Öl erhitzen, Leber beigeben, unter Rühren zartbraun rösten und salzen.

5 Die Leber soll innen zartrosa bleiben. Leber zum Zwiebelansatz geben, heiß, aber nicht kochend durchrühren. Mit Essig pikant abschmecken.

6 Um noch molligeren Saft zu erhalten, kann man dem Gericht noch ca. 30 g kalte Butterstücke schwenkend untermengen oder versprudelten Sauerrahm unterrühren.

Die geröstete Leber ist nur eines von vielen Gerichten der typischen Altwiener Innereienküche. Geröstete Kalbs- oder Schweinsnieren (Saure Nierndln) werden nach der selben Art zubereitet, wobei die Nieren vorher kalt gewässert werden müssen.

Mindestens ebenso populär wie Leber und Nierndln war in Wien, zumindest solange es dort noch Schlachthöfe gab, das mittlerweile etwas in Vergessenheit geratene Bruckfleisch. Darunter verstand man die Rindfleischreste, die früher an der Schlagbrücke (daher der Name) zurück blieben: Vor allem Kronfleisch, Stichfleisch, Milz, Bries, Leber, Herzkranzgefäße und Schlagader sind die Grundlage dieses erst in jüngster Zeit gerade von Spitzenköchen wieder neu entdeckten Gerichts. Das Bruckfleisch wird traditionell mit Ochsenblut, Essig und geröstetem Wurzelwerk zu einem Ragout mit brauner Sauce gebunden und mit Thymian, Majoran und Pfeffer gewürzt. Statt Ochsenblut kann zum Binden auch Powidl verwendet werden. Als klassische Beilage serviert man Knödel.

Kalbsbeuschel

Zutaten für 4 Portionen

900 g Kalbslunge
½ Kalbsherz
60 g Zwiebeln
150 g Wurzelwerk (Sellerie, Karotte, gelbe Rübe)
1 Lorbeerblatt
10 Pfefferkörner
Thymiansträußchen
Salz
2 l Wasser

Sauce

4 EL Öl
30 g Mehl
40 g Zwiebeln
60 g Essiggurken
20 g Kapern
1 cl Essig, 7,5%
10 g Sardellenpaste
3 EL Sauerrahm
Senf
Salz
Pfeffer, weiß
Majoran, gerebelt
Zitronensaft
Zitronenschale, gerieben
Gulaschsaft (sofern vorhanden)

Beilagenempfehlung:

Servietten- oder Semmelknödel, gekochter Grießstrudel

Zubereitung

1. Beuschel ohne Luft- und Speiseröhre gut in kaltem Wasser wässern. Die Lunge mehrmals mit der Messerspitze anstechen, damit der Sud eindringen kann. Lunge und Herz mit Wasser, Wurzelwerk, halber Zwiebel, Lorbeerblatt und Pfefferkörnern zustellen.
2. Zugedeckt etwa 1 Stunde langsam kochen, nach halber Kochzeit die Lunge wenden.
3. Lunge aus dem Sud heben, im kalten Wasser abkühlen. Das Herz benötigt eine längere Garungszeit, danach ebenfalls im Wasser überkühlen.
4. Den Sud seihen, reduzierend kochen.
5. Gut durchgekühlte Lunge und Herz zuerst in dünne Blätter, dann in feine Streifen schneiden.
6. Zwiebeln, Kapern und Gurken sehr fein hacken.
7. Öl erhitzen, Mehl darin dunkelbraun rösten, mit Sud aufgießen, sofort mit einer Schneerute glatt rühren, ca. 10 Minuten zu einer molligen Sauce verkochen.
8. Beuschelstreifen, Essig, Rahm und Restgewürze beigeben. Heiß ca. 20 Minuten ziehen lassen.
9. Anrichten und mit etwas Gulaschsaft beträufeln.

Gebackener Kalbskopf

Zutaten für 4 Portionen

800 g Kalbskopf, gekocht (siehe Gekochter Kalbskopf, Seite 86)
2 Eier
Mehl
Semmelbrösel
Öl zum Backen
Salz
Pfeffer, schwarz, gemahlen

Beilagenempfehlung:

Sauce tartare, Blattsalate, Mayonnaise-, Erdäpfel-, Gurken- oder Paradeissalat

Zubereitung

1 Kalbskopfstücke (keine Zunge) im Sud erwärmen, aus der Flüssigkeit heben, abtropfen lassen, mit Salz und Pfeffer würzen, in Mehl, Ei, Brösel panieren (wie Wiener Schnitzel).
2 In heißem Öl schwimmend unter einmaligem Wenden knusprig braun herausbacken.
3 Aus dem Öl heben, mit Küchenkrepp abtupfen.

Das Beuschel (s. S. 84) zählt zu jenen Wiener Gerichten, die nicht wie so viele aus den Küchen der Kronländer „importiert" und danach adaptiert wurden. Es kann als ursprünglich wienerisch gelten. Das vor allem an Montagen gegessene Gericht aus dem auch Khröb, Kreb, Gerebe oder Lungenhaschee genannten Geschlinge (= Lüngerl) hat dabei einen beachtlichen sozialen Aufstieg durchgemacht. Während das Beuschel aufgrund seiner „minderen" Zutaten einst als für herrschaftliche Tafeln ungeeignet galt, fand es als „Salonbeuschel" schon im 19. Jahrhundert den Weg auf gutbürgerliche und feine Tafeln. Das Beuschel ist auch ein klassischer Bestandteil des Altwiener „Gabelfrühstücks". Oder, wie es Friedrich Schlögl in „Wiener Blut" schildert: „Ein derbes Purgatorium für einen sündhaften Magen." Zum Beuschel passt neben dem klassischen Semmel- oder Serviettenknödel vor allem auch ein gekochter Grießstrudel (s. S. 87).

Gekochter Kalbskopf

Zutaten für 4–6 Portionen

½ Kalbskopf, ohne Hirn (ca. 3 kg)
6 l Wasser
200 g Wurzelwerk (Karotte, Sellerie, Petersilie)
1 Porree
150 g Zwiebeln, halbiert
1/16 l Essig
Salz
1 Lorbeerblatt
15 Pfefferkörner, schwarz
1 Thymianstrauß
Kren, gerissen
Petersilie, gehackt

Kalbskopfgerichte zählen zu den klassischen „Einschiebspeisen" der Altwiener Küche. So nannte man früher jene Zwischengerichte, die ihren Platz vor allem auch beim Gabelfrühstück hatten, jener mittlerweile fast ausgestorbenen kleinen Zwischenmahlzeit, die die notorisch früh aufstehenden Wiener zwischen dem Frühstück und dem Mittagessen einnahmen.

Zubereitung

1. Kalbskopf reinigen und einige Stunden in kaltem Wasser auswässern, Wasser mehrmals wechseln.
2. Mit Wasser bedecken, Essig, Gewürze, Zwiebeln, geschältes Wurzelwerk und Porree beigeben. Aufkochen lassen, Schaum stets abschöpfen, bei Bedarf Wasser ergänzen. Wenn sich das Kalbskopffleisch bis an den Knochen leicht durchdrücken lässt, ist es gar (nach ca. 2 Stunden).
3. Kalbskopf aus dem Sud heben, in kaltes Wasser legen, Fleisch vom Kopfknochen lösen (3 kg Kalbskopf ergeben ca. 1 kg gekochten Kalbskopf ohne Knochen). Haut der Zunge mit den Fingern abziehen, zuparieren (zuputzen). Kopffleisch in beliebig große Stücke, Zunge in Scheiben schneiden.
4. Geschältes Wurzelwerk in feine Streifen schneiden, im Kalbskopfsud knackig kochen. Die Kopf- und Zungenstücke beigeben, einmal aufkochen, in Suppentellern anrichten, mit gerissenem Kren und gehackter Petersilie bestreuen. Als Beilage reicht man Salz- oder Kümmelerdäpfel.

➣ Gekochter Grießstrudel

Zutaten für 6–8 Portionen

Strudelteig

200 g Mehl, glatt
ca. ⅛ l Wasser, lauwarm
1 EL Öl
1 Ei
Prise Salz
Mehl zum Bestauben
Butter zum Bestreichen
Öl zum Bestreichen

Fülle

200 g Weizengrieß
150 g Sauerrahm
100 g Butter
5 Eidotter
5 Eiklar
Schale von ½ Zitrone
Prise Salz

Der gekochte Grießstrudel kann auch – mit Staubzucker bestreut, mit Butter-Bröseln (130 g Semmelbrösel in 200 g Butter goldbraun geröstet) und Zwetschkenröster – als Mehlspeise gereicht werden.

Zubereitung

1 Mehl kegelartig auf Arbeitsfläche häufen, oben einen Krater bilden. Salz, Öl, Ei, nach und nach Wasser beigeben und alle Zutaten zu einem glatten Teig verkneten.

2 Teig dünn mit Öl bestreichen, zugedeckt ca. ½ Stunde rasten lassen.

3 Ein Tuch mit Mehl bestauben, Teig ebenfalls mit Mehl anstauben und mit dem Nudelholz gleichmäßig ausrollen. Mit flüssiger Butter bestreichen, zugedeckt einige Minuten rasten lassen.

4 Nun den Teig mit den Handrücken hauchdünn gleichmäßig ausziehen. Ränder abschneiden.

5 Handwarme Butter mit Zitronenschale schaumig rühren. Eidotter nach und nach beigeben. Eiklar mit Salz zu nicht zu festem Schaum schlagen. Butterabtrieb, Grieß und Sauerrahm vermischen, den Eischnee unterheben.

6 Die Masse in einem Streifen auf den Teig auftragen, Strudel zusammenrollen, Enden verschließen.

7 Mit bemehltem Kochlöffelstiel in 8 gleichmäßige Stücke abdrücken, mit Messer durchtrennen. Strudelstücke auf ein bemehltes Backblech legen und 2 Stunden kalt stellen.

8 In kochendes Salzwasser einlegen, schwach wallend kochen, aus dem Wasser heben und abtropfen lassen.

Gespicktes Rahmherz

Zutaten für 4 Portionen

800 g Kalbsherz
100 g Spickspeck
80 g Zwiebeln
100 g Wurzelwerk (Karotte, Petersilwurzel, Sellerie)
4 EL Öl
1 TL Paradeismark
5 dl Suppe oder brauner Kalbsfond
1 dl Sauerrahm
10 g Mehl
Zitronenzeste (Schale)
etwas Zitronensaft oder Hesperidenessig
Salz
6 Pfefferkörner
Pfeffer, weiß, gemahlen
½ Lorbeerblatt
Petersilie, gehackt

Beilagenempfehlung:
Bandnudeln

Die Sauce lässt sich mit etwas gehackten Kapern, Obers und Zitronensaft abwandeln.

Zubereitung

1. Herz halbieren, gut waschen, abtrocknen (Küchenkrepp).
2. Speck in dünne Streifen schneiden, das Herz spicken, mit Pfeffer und Salz würzen.
3. Öl in Kasserolle erhitzen, Herz an allen Seiten forciert (kräftig) braun anbraten.
4. Wurzelwerk schälen, waschen und ebenso wie Zwiebeln in 1 cm große Würfel schneiden.
5. Herz aus der Kasserolle heben, Zwiebeln und Wurzelwerk rösten. Paradeismark beigeben, weiterrösten und mit Suppe oder Fond aufgießen. Lorbeerblatt, Pfefferkörner sowie etwas Zitronenzeste untermengen.
6. Herz wieder in die Kasserolle geben. Zugedeckt am Herd oder im Backrohr ca. 1 ¾ Stunden dünsten. Flüssigkeit nach Bedarf ergänzen. Wenn das Herz weich ist, aus der Kasserolle heben.
7. Sauerrahm mit Mehl vermengen und zügig mit der Schneerute unter die Sauce rühren. Einmal aufkochen, mit Essig oder Zitronensaft säuerlich pikant abschmecken. Sauce fein passieren, Herz in gefällige Stücke (Scheiben) schneiden, anrichten und mit der Sauce übergießen. Mit Petersilie bestreuen.

Maischalan

Zutaten für 8–10 Stück

½ Schweinskopf (ergibt gekocht und ausgelöst etwa 750 g)
300 g Schweinsbeuschel und Herz (kann durch Schweinskopf ersetzt werden)
1 EL Essig
3 Lorbeerblätter
6 Pfefferkörner
½ TL Thymian
1 Karotte
400 g Rollgerstl, gekocht
1 EL Fett
1 Zwiebel
3 Knoblauchzehen
2 TL Majoran
1 TL Petersilie
1 TL Salz
Pfeffer, schwarz
1 Ei
1 Schweinsnetz

Zubereitung

1 Schweinskopf und Beuschel mit den Gewürzen weich kochen, abkühlen lassen und fein faschieren.
2 Zwiebel und Knoblauch im Fett anschwitzen, mit Fleisch und Rollgerstl vermischen.
3 Faustgroße Knödel formen, in gewässertem Schweinsnetz einschlagen, mit der Hand leicht flachdrücken, in der Pfanne braten.
4 Dazu passen Sauerkraut, saure Rüben und gekochte Erdäpfel oder Rösterdäpfel.

Maischalan oder Maischelen heißt der Kärntner Ausdruck für Netzlaibchen, die mit Innereien und Kopffleisch gefüllt werden. Eine ganz andere Art von Netzlaibchen ist in Niederösterreich populär. Die Saumaisen, auch Waldviertler oder Wachauer Saumoasen genannt, bestehen aus faschiertem und im mit Küchengarn verschnürten Netz geselchtem Teilsamem oder Schopfbraten vom Schwein und werden meist mit Sauerkraut und Erdäpfeln serviert.

Geflügel

Backhuhn ▹ S. 92

Backhuhn

Zutaten für 4 Portionen

2 Junghühner à ca. 1 ½ kg, bratfertig
3 Eier
Mehl, glatt
Semmelbrösel
Salz
Öl zum Backen
2 Zitronen
1 Handvoll Petersilie, ohne Stiele

Beilagenempfehlung:

Petersilerdäpfel, Blattsalate, Mayonnaise-, Erdäpfel-, Gurken- oder Paradeissalat

Zubereitung

1. Hühner vierteln, Rückgrat und Hals wegschneiden. Haut entfernen.
2. Innenseite der Keule zum Knochen einschneiden (bäckt besser durch), Hühner kräftig salzen.
3. In Mehl, verschlagenem Ei und Semmelbrösel panieren.
4. In tiefem Fett unter einmaligem Wenden beidseitig goldbraun backen. Aus dem Fett heben, eventuell in heißer Butter wenden, in Küchenkrepp abtrocknen.
5. Petersilie im heißen verbliebenen Fett knusprig backen, aus dem Fett heben, abtropfen, salzen.
6. Backhühner anrichten, Petersilie obenauf drapieren, mit Zitronenspalten garnieren. (Die Petersilie dient nicht nur als Dekoration, sondern sollte mitgegessen werden.)

Das „Backhendl" ist nicht mit jenen „bachenen Hühnern" zu verwechseln, die man in Kochbüchern vor 1700 zuweilen findet, die aber ohne Semmelbrösel gebacken wurden. Erst 1719 taucht in Conrad Haggers berühmtem „Salzburgischen Kochbuch" ein Rezept auf, in dem die „Hünlein aus abgeschlagenen Eyern gebachen" zunächst in Essig mariniert und dann mit Eiern, Mehl und „Semmel-Bröslein" gemeinsam mit kleingehackter Petersilie in Schmalz ausgebacken wurden. Die oft gestellte Frage, ob Backhühner in Schweine- oder Butterschmalz zubereitet werden sollen, beantwortet Anna Dorn 1827 eindeutig zugunsten der Butter: „Gebackene junge Hühner (...) dürfen schwache und kranke Leute nur unter der Bedingung essen, wenn sie den über dem Huhn befindlichen Überzug von geriebener Semmel, Mehl und Eyern abschneiden, welcher sich schwer verdauen läßt, weil er in Butter gebraten ist." Christoph Friedrich Nicolai erinnerte sich 1781, in Wien „geviertheilte Hühner" gegessen zu haben, die entweder in Schmalz oder in geschmolzener Butter ausgebacken waren. Tatsächlich dürften Schweine- und Butterschmalz also durchaus gleichwertige Backfette gewesen sein.

Steirische Poularde, gefüllt

Zutaten für 4–6 Portionen

1 Poularde, ca. 1 ½–2 kg
Salz
eventuell Innereien (Leber, Herz, Magerl)

Fülle

3 Semmeln, kleinwürfelig geschnitten
30 g Butter
1 Ei
1 Eidotter
½ Zwiebel, fein geschnitten
⅛ l Milch
Petersilie und eventuell Liebstöckel, Salz, Majoran

Besonders in der Steiermark war es früher üblich, junge Hühner und Hähne zu kastrieren, um ihnen einen intensiveren Geschmack zu verleihen. Das kastrierte Huhn nannte man Poularde, den kastrierten Hahn Kapaun. Weder das eine noch das andere wird heutzutage in Österreich angeboten. Der Ausdruck Poularde für ein steirisches Masthuhn ist jedoch erhalten geblieben.

Zubereitung

1 Zwiebel in Öl anrösten, mit Milch aufgießen, aufkochen und zu den Semmelwürfeln geben. Gut durchmischen und rasten lassen.

2 Nach dem Abkühlen Ei und Petersilie zugeben und mit Salz und Majoran abschmecken.

3 Nach Wunsch könnten auch die Innereien kurz angebraten und zerkleinert zugegeben werden.

4 Das geputzte und ausgenommene Huhn wird eventuell kurz gewaschen und getrocknet.

5 Innen und außen mit Salz gut würzen. Die Fülle kommt in die Bauchhöhle, welche anschließend zugenäht wird. Manchmal wird die Fülle auch unter die Brusthaut geschoben, um ein Austrocknen der Brust zu verhindern.

6 Das gefüllte Huhn wird im vorgeheizten Rohr bei ca. 160 °C eine Stunde gebraten. Danach die Hitze auf ca. 130 °C verringern und noch ca. 1 bis 1 ½ Stunden fertig braten.

7 Während des Bratens kann das Huhn mit dem austretenden Saft öfters übergossen werden.

Paprikahuhn

Zutaten für 4 Portionen

2 Junghühner à ca. 1 ½ kg, bratfertig
250 g Zwiebeln, fein geschnitten
1 dl Öl
40 g Paprikapulver, edelsüß
8 dl Wasser oder Suppe
¼ l Sauerrahm
40 g Mehl, glatt
1 TL Paradeismark
⅛ l Schlagobers (nicht unbedingt erforderlich)
Salz
Zitronenschale
Zitronensaft

Beilagenempfehlung:
Nockerln

Zubereitung

1 Die Hühner vierteln, waschen, Rückgrat und Hals wegschneiden, jedoch mitdünsten oder für Suppe verwenden.
2 Hühnerstücke salzen, in heißem Öl, ohne Farbe nehmen zu lassen, anbraten, herausheben.
3 Im Fettrückstand Zwiebeln lichtbraun rösten, Paprikapulver einrühren, sofort mit Wasser oder Suppe aufgießen.
4 Paradeismark, Zitronenschale und Salz untermengen. Hühnerstücke zugeben, zugedeckt weichdünsten lassen, dabei Flüssigkeit eventuell korrigieren.
5 Hühnerstücke herausnehmen, Mehl und Sauerrahm mit Schneerute gut verrühren, zügig in die Sauce einmengen, 5 Minuten kochen lassen. Sauce passieren oder mixen, mit etwas Zitronensaft pikant abschmecken.
6 Hühnerstücke nochmals in die Sauce geben und auftragen.

Das Paprikahuhn ist ein naher Verwandter des ungarischen Hühnerpaprikás, das nicht mit dem Hühnerpörkölt zu verwechseln ist. Im Gegensatz zu Pörkölt und Gulyas wird Paprikás nämlich mit Sauerrahm oder Schlagobers geschmacklich abgerundet.
Die klassische Beilage dazu sind Butternockerln (s. S. 97).

➣ Butternockerln

Zutaten für 4 Portionen (= 8 Nockerln)

80 g Butter
2 Eidotter
2 Eiklar
40 g Mehl, griffig
40 g Weißbrot, trocken, ohne Rinde gerieben
Salz
Muskatnuss

Zubereitung

1 Handwarme Butter schaumig rühren, Eidotter beigeben, weiterrühren, Mehl und Weißbrotbrösel untermengen.
2 Eiklar zu festem Schnee schlagen und unter die Masse heben, würzen und 20 Minuten rasten lassen.
3 Reichlich Salzwasser oder Rindsuppe zum Kochen bringen, mit nassem Suppenkochlöffel und nasser Innenhand Nockerln formen, ca. 10 Minuten schwach wallend kochen.
4 Abtropfen lassen, in Butter schwenken und servieren.

Gebratenes Martinigansl

Zutaten für 4–6 Portionen

1 Gans, ca. 3200 g
50 g Butter
klare Geflügelsuppe
Salz
Pfeffer
Majoran, gerebelt
Beifuß
750 g Äpfel, entkernt
200 g Dörrzwetschken

Zubereitung

1 Die Bauchhöhle der geputzten und gewürzten Gans mit den geviertelten, in Butter gedünsteten Äpfeln und Dörrzwetschken füllen. Dann außen die Gans mit den Gewürzen gut einreiben, mit der Brustseite nach unten in eine große Pfanne legen und ca. eine Stunde bei 180 °C unter mehrmaligem Übergießen braten.

2 Dann die Gans auf den Rücken legen und wieder ca. eine Stunde braten.

3 Wenn nach einer Stichprobe das Ganslfleisch weich ist, wird die Gans auf ein Gitter gelegt und ca. 10 Minuten bei 220 °C gebraten, bis die Haut knusprig ist. Inzwischen den Saft entfetten, mit etwas Mehl binden, mit etwas Geflügelsuppe aufgießen und eine leicht sämige Sauce machen. Gansl vierteln und mit Sauce extra servieren. (Nach demselben Rezept kann man selbstverständlich auch gebratene Enten zubereiten.)

Zum Gansl passt auch gut Paprika- oder Zwiebellekvár (s. S. 100 und S. 101). Das Wort Lekvár stammt aus dem Ungarischen und bedeutet nichts anderes als Marmelade. Im Burgenland hat sich jedoch auch die Schreibweise „Legwa“ oder „Lekwa“ eingebürgert.

Waldviertler Knödel

Zutaten für 6 Stück

600 g Erdäpfel, mehlig, roh, geschält
300 g Erdäpfel, am Vortag in der Schale gekocht
20 g Grieß
Salz

Zubereitung

1 Rohe Erdäpfel in Wasser reiben, in einem Leinentuch sehr gut auspressen.
2 Gekochte, kalte, geschälte und passierte Erdäpfel, Salz, Grieß und die am Boden abgesetzte Stärke (ganz trocken) untermengen. Mit nassen Händen Knödel formen und in leicht wallendem Salzwasser ca. 20 Minuten kochen. Sofort servieren.

Verwendung: Beilage zu Schweinsbraten, Spanferkel, Ente und natürlich Gans

Rotkraut

Zutaten für 4–6 Portionen

1 Häuptel Rotkraut, ca. 1 kg
2 dl Rotwein
2 dl Rindsuppe
100 g Maroni, gekocht und geschält
100 g Schmalz
50 g Zucker
100 g Zwiebeln
100 g Preiselbeeren
2 Äpfel
Salz, Pfeffer
Essig
Lebkuchengewürz

Zubereitung

1 Rotkraut fein hobeln. Im heißen Schmalz Zucker karamellisieren, die in Streifen geschnittenen Zwiebeln darin goldgelb rösten, mit einem Schuss Essig ablöschen. Das Kraut dazugeben, die geraspelten Äpfel und die grob gehackten Maroni untermischen und mit Rotwein und Rindsuppe (Wasser) weichdünsten.
2 Würzen und mit Preiselbeeren abschmecken.

➢ Paprikalekvár

Zutaten für 4–6 Portionen

300 g roter Paprika
300 g gelber Paprika
1 Kirschpfefferoni
300 g brauner Zucker
1 dl Wasser
1 dl Gewürztraminer
⅛ l Weißweinessig
4 Gewürznelken
1 Packung Vanillezucker
Prise Salz

Zubereitung

1 Wasser und Gewürztraminer zustellen, Zucker und Gewürznelken beigeben, etwa 15 Minuten kochen (Zucker spinnen).

2 Vom zerteilten Paprika und Pfefferoni Kerne und weiße Rippen entfernen, Fruchtfleisch würfelig schneiden. Pfefferoni fein hacken.

3 Gewürznelken aus dem Topf nehmen, Weinessig und Vanillezucker einrühren, Paprika in den gesponnenen Zucker geben und ca. 30 Minuten köcheln lassen. Dann Pfefferoni zugeben. Erkalten lassen.

4 Paprikalekvár ist auch eine ideale Beilage zu kaltem und warmem Fleisch sowie Wild- und Fischgerichten.

➣ Zwiebellekvár

Zutaten 4–6 Portionen

1 kg kleine geschälte Zwiebeln
500 g Kristallzucker
6 dl Wasser
⅛ l Himbeeressig
¼ l Beerenauslese
2 EL Vanillezucker
14 Gewürznelken
1 EL grüner Pfeffer
1 Stück Zimtrinde

Zubereitung

1 Den Zucker im Wasser so lange kochen, bis er Fäden zieht. Die in dünne Ringe geschnittenen Zwiebeln, Himbeeressig, Zimtrinde und Gewürznelken dazugeben. 40 Minuten kochen lassen.

2 Dann in die gelierte Masse Vanillezucker und Beerenauslese einrühren, den grünen Pfeffer beifügen und leicht köcheln lassen.

3 Gewürznelken und Zimtrinde herausnehmen, Lekvár in Gläser füllen und an einem dunklen, kühlen Ort lagern.

4 Zwiebellekvár passt auch sehr gut zu geräuchertem Fleisch, gekochtem Schinken, Wurst sowie Wild- und Ganslspezialitäten.

Fleischspeisen

Faschiertes Butterschnitzel

Zutaten für 4 Portionen

½ kg Kalbfleisch, mager (ohne Flachsen)
1 Semmel oder 2 Scheiben Weißbrot
etwas Milch zum Einweichen
1 Ei
1/16 l Schlagobers
Salz
Muskatnuss
Petersilie, gehackt
3 EL Butterschmalz
20 g Butter, kalt
8 cl Wasser, Suppe oder brauner Kalbsfond

Beilagenempfehlung:
Erdäpfelpüree, Erbsen, Reis, Karotten

Zubereitung

1 Kalbfleisch faschieren, Semmel oder Weißbrot in Milch einweichen, leicht auspressen, faschieren oder durch ein Sieb drücken.

2 Faschiertes Fleisch, Semmel, Ei, Schlagobers, Petersilie und Gewürze gut vermengen. 4 ovale Laibchen formen, eventuell mit einem Messer ein Karomuster eindrücken.

3 Mit dieser Seite zuerst in flacher Pfanne in heißem Butterschmalz langsam braun braten, wenden.

4 Butterschnitzel aus der Pfanne heben, Bratrückstand mit Wasser, Suppe oder braunem Kalbsfond ablöschen, reduzierend kochen, kalte Butterstücke einrühren, seihen.

5 Butterschnitzel anrichten, mit Saft übergießen. (Faschiertes Butterschnitzel gilt als Schonkost, deshalb auch das Fehlen von Zwiebeln, Knoblauch, Pfeffer und Majoran).

Die klassische Beilage zum Butterschnitzel ist ein Erdäpfelpüree (s. S. 104).

➢ Erdäpfelpüree

Zutaten für 4 Portionen

800 g Erdäpfel, mehlig, roh, geschält
90 g Butter
2 dl Milch
Salz
Muskatnuss
Zwiebeln, geröstet

Zubereitung

1 Erdäpfel vierteln, mit Salzwasser bedeckt und zugedeckt kernig kochen.
2 Erdäpfel abseihen, heiß ausdampfen lassen, sofort durch ein Sieb passieren, handwarme Butter einrühren, dann heiße Milch nach und nach darunterziehen. Mit Salz und ganz wenig Muskatnuss würzen.
3 Püree anrichten, obendrauf geröstete Zwiebeln drapieren.

Reisfleisch

Zutaten für 4 Portionen

600 g Kalbsschulter, ausgelöst
150 g Langkornreis
80 g Zwiebeln, geschnitten
5 EL Öl
20 g Paprikapulver, edelsüß
1 ¼ l Suppe oder Wasser
Salz
Pfeffer, weiß, gemahlen
Knoblauch, 1 Zehe, zerdrückt
10 g Mehl
1/16 l Sauerrahm
Mehl zum Stauben
Reibkäse

Beilagenempfehlung:
Blatt- und Gemüsesalate

Zubereitung

1. Fleisch in ca. 2 cm große Würfel schneiden, salzen, pfeffern und mit Mehl bestauben.
2. Öl erhitzen, Fleisch darin allseitig anbraten, aus der Kasserolle heben.
3. Zwiebeln im verbliebenen Fett anschwitzen, mit Paprika bestauben, durchrühren, sofort mit Suppe ablöschen. Fleisch und Knoblauch beigeben, durchrühren, zugedeckt dünsten lassen.
4. Nach 50 Minuten ¼ l Saft abschöpfen, dem Fleisch Reis untermengen, durchrühren und weitere 25 Minuten, am besten im Backrohr, dünsten lassen.
5. Sauerrahm mit Mehl verrühren, in den Saft mengen und aufkochen lassen.
6. Reisfleisch auf Teller anrichten und mit Saft umgießen. Mit geriebenem Käse bestreuen.

Das in diesem Rezept wiedergegebene „Wiener Reisfleisch" ist eine etwas mildere Ableitung des „Serbischen Reisfleischs", das ohne Rahm, aber dafür mit Schweinefleisch, Selchspeck, scharfem Rosenpaprika und Paradeismark zubereitet wird und daher auch etwas feuriger schmeckt.

Klassischer gekochter Tafelspitz

Zutaten für 8–12 Portionen

1 Tafelspitz, ca. 2 ½ bis 3 kg
300 g Wurzelwerk (Sellerie, gelbe Rüben, Karotten, Petersilwurzel)
200 g Zwiebeln mit Schale
½ Porree
15 Pfefferkörner
ca. 4 ½ l Wasser
1 kg Rindsknochen
Salz
4 EL Schnittlauch, geschnitten
etwas Liebstöckel

Zubereitung

1 Zwiebeln halbieren, in der Pfanne an der Schnittfläche sehr dunkel, fast schwarz braten. Wurzelwerk waschen, schälen.

2 Knochen warm waschen, Wasser zum Kochen bringen. Tafelspitz, Knochen und Pfefferkörner ins Wasser geben. Schwach wallend kochen.

3 Eine Stunde vor Garungsende Wurzelwerk, Porree, Liebstöckel und Zwiebeln beigeben. Schaum ständig abschöpfen. Fertig gegartes Fleisch aus der Suppe heben; Suppe würzen und durch ein feines Sieb oder Tuch seihen.

4 Tafelspitz aufschneiden, mit Suppe begießen, salzen und mit geschnittenem Schnittlauch bestreuen.

Garzeit: ca. 3–4 Stunden

Gekochtes Rindfleisch speiste man in Wien nicht nur daheim, sondern vor allem auch im gutbürgerlichen Restaurant. Unter den vielen „Gustostückerl“ hat zweifellos der Tafelspitz die höchste Berühmtheit erlangt, und er war auch der unangefochtene Star der Rindfleischkarte des legendären Hotels Meissl & Schadn auf dem Neuen Markt, die mit 24 (!) verschiedenen Sorten Siedefleisch bestückt war. Das Hotel wurde leider ein Opfer der Bombenangriffe des Zweiten Weltkriegs. Die Altwiener Rindfleischküche fand jedoch im „Plachutta“ in Hietzing, am Luegerplatz und in Nußdorf eine würdige Heimstätte. Auch der Tafelspitz des Hotels Sacher gilt als legendär. (Fortsetzung auf S. 108)

➤ Wiener Cremespinat

Zutaten für ca. 4 Portionen

800 g Blattspinat, roh
20 g Butter
20 g Mehl
3 dl Rindsuppe
Salz
Pfeffer, schwarz, gemahlen
Knoblauch, zerdrückt
30 g braune Butter

Zubereitung

1 Spinat kochen, mit kaltem Wasser abschrecken, gut ausdrücken, fein faschieren.
2 Butter schmelzen, Mehl anschwitzen, mit heißer Suppe aufgießen. Sehr gut verrühren und 5 Minuten kochen lassen.
3 Spinat und Einmach vermengen, aufkochen. Knoblauch, Pfeffer, Salz und braune Butter beimengen.
4 Konsistenz – wenn nötig – mit Suppe korrigieren.

Der „König des Wiener Rindfleischs“ stammt aus dem Knöpfl und wird von manchen Fleischhauern sowie Wirten aus Kalkulationsgründen oft großzügiger aufgefasst, als es der Anatomie des Rindes entspricht. Kundige erkennen ihn jedoch sofort an der satten Fetteindeckung, die hinter der durch einen Knorpel angezeigten Grenze allmählich abnimmt. Die Wiener Rindfleischteilung ist aufgrund ihrer Vielfalt weltweit ein Unikat. Unter anderem unterscheidet man Fotzmaul, Bibergoschn, Ohrwangel, Kamm, Halsdrüssel, Stich, fettes und mageres Meisel, Brustkern, Wadschunken, Bratzel, Zapfen, G'schnattes, Schwanzel, Hüferschwanzel, Ortsschwanzel, Beiried, Lungenbraten, Riedhüfel, Rostbraten, Zwerchried, dünnes Kügerl, dicker Spitz, schwarzes Scherzl, weißes Scherzl, Kruspelspitz, Rieddeckel, Zwerchspitz, dickes Kügerl, Schulter, Schlepp u.v.m.

➣ Eingemachter Kohl

Zutaten für ca. 4 Portionen

800 g Kohl, geputzt
20 g Butter
20 g Mehl, glatt
70 g geräucherter Frühstücksspeck
¼ l Rindssuppe
1 dl Obers
1 Knoblauchzehe, zerdrückt
Kümmel, gemahlen
Pfeffer, schwarz, gemahlen
Salz

Zubereitung

1 Kohl von Außenblättern und Strunk befreien, feinnudelig schneiden.
2 Kohl in siedendem Salzwasser kochen, abseihen, abpressen.
3 Butter schmelzen, würfelig geschnittenen Frühstücksspeck auslassen, Mehl beigeben, Knoblauch anschwitzen, mit heißer Suppe aufgießen und mit Schneerute gut verrühren.
4 Kohl untermengen, mit Kümmel, Salz und Obers vollenden.

➣ Kochsalat mit Erbsen

Zutaten für ca. 4 Portionen

800 g Kochsalat
100 g Erbsen, frisch oder tiefgekühlt
20 g Butter
20 g Mehl, glatt
¼ l Rindsuppe
Salz
Pfeffer
Butter zum Bräunen

Zubereitung

1 Kochsalat putzen, waschen, in siedendem Salzwasser kernig kochen.
2 Sofort in Eiswasser legen, eiskalt abspülen. Aus dem Wasser heben, gut ausdrücken, fein hacken.
3 Butter schmelzen, Mehl darin anschwitzen, mit Suppe aufgießen und sehr gut verrühren (Schneerute). Einige Minuten kochen.
4 Erbsen in siedendem Salzwasser kochen, abseihen, mit dem Kochsalat unter die Einmach mengen.
5 Butter bräunen, unter den Kochsalat mischen. Mit Salz und schwarzem Pfeffer würzen.

➣ Dillfisolen

Zutaten für ca. 4 Portionen

800 g Fisolen, geputzt, ohne Fäden und Enden
20 g Butter
20 g Mehl
2 dl Rindsuppe
¼ l Sauerrahm
20 g Dillspitzen, gehackt
Salz
Pfeffer
Zitronensaft
Natron

Zubereitung

1 Fisolen in Rauten schneiden. In mit Natron versetztem, siedendem Salzwasser kochen, abseihen und eventuell abfrischen.
2 Butter schmelzen, Mehl beigeben, anschwitzen, mit heißer Suppe aufgießen, glatt rühren (Schneerute). Einige Minuten durchkochen, Rahm beigeben, aber nicht mehr kochen.
3 Fisolen in die Sauce mengen, mit Salz, Pfeffer, Zitronensaft und Dille vollenden.

➣ Dillkürbis

Zutaten für ca. 4 Portionen

600 g geschälter, entkernter, feinblättrig geschnittener Kürbis
80 g Zwiebeln
30 g Butter
1 EL Paprikapulver, edelsüß
1 dl Sauerrahm
20 g Mehl, glatt
15 g Dille, gehackt
1 dl Rindsuppe
Salz, Pfeffer

Zubereitung

1 Den geschnittenen Kürbis salzen, eine halbe Stunde ziehen lassen, leicht abpressen. Zwiebeln fein schneiden, in heißer Butter licht anschwitzen.
2 Kürbis beigeben, mit Suppe untergießen und zugedeckt ca. 8 Minuten dünsten. Paprika, Pfeffer und Dille einmengen.
3 Sauerrahm mit Mehl vermischen, in den Kürbis einrühren, nochmals kurz aufkochen lassen. Mit Essig pikant abschmecken.

Stürzerdäpfel

Zutaten für ca. 4 Portionen

600 g Erdäpfel, speckig, gekocht, geschält
80 g Schmalz oder Öl
Salz

Zubereitung

1. Erkaltete Erdäpfel mit grober Erdäpfelreißen reiben, Fett in Pfanne (Teflonpfanne) erhitzen.
2. Erdäpfel beigeben, in Pfanne anpressen, im Ganzen wenden und auf beiden Seiten goldgelb und knusprig bräunen.

Schnittlauchsauce

Zutaten für ca. 4 Portionen

3 hartgekochte Eidotter
2 rohe Eidotter
¼ l Öl
2 Semmeln, entrindet, in Milch eingeweicht und passiert
Essig
Zitronensaft
Salz
Zucker
Pfeffer, weiß, gemahlen
3 EL Schnittlauch, geschnitten

Zubereitung

1. Die hartgekochten, passierten Eidotter mit den rohen Eidottern gut verrühren, würzen, die passierten Semmeln beigeben, tropfenweise das Öl einrühren und wie eine Mayonnaise aufrühren.
2. 1–2 Esslöffel feinst geschnittenen Schnittlauch einrühren, mit Essigwasser zur Saucenkonsistenz verdünnen.
3. Die fertige Sauce mit fein geschnittenem Schnittlauch bestreuen.

➣ Semmelkren

Zutaten für ca. 4 Portionen

4 Kaisersemmeln vom Vortag, würfelig geschnitten
¼ l Rindsuppe
6 EL Obers
Salz
Muskatnuss
20–30 g gerissener Kren

Zubereitung

1 Die Semmelwürfel mit kochender Rindsuppe übergießen, Salz, Muskatnuss und Obers beigeben.
2 Kurz aufkochen, mit gerissenem Kren vermengen.

➣ Essigkren

Zutaten für ca. 4 Portionen

3 EL gerissener Kren
3 EL Öl
⅛ l Rindsuppe, fettfrei
Weinessig
Zucker
Salz, Pfeffer

Zubereitung

1 Den sehr fein gerissenen Kren mit Essig und Öl, Zucker, weißem Pfeffer und Salz feucht abrühren, mit entfetteter, kochend heißer Bouillon übergießen und zu einer breiig-suppigen Konsistenz verrühren.
2 Eventuell Konsistenz mit Semmelbröseln oder Bröseln von entrindetem Weißbrot korrigieren. Kalt stellen.

➣ Roter Rübenkren

Zutaten für ca. 4 Portionen

200 g gekochte rote Rüben
1 Apfel
etwas Kümmel, ganz
2 TL gerissener Kren
½ Tasse Weinessig
1 EL Zucker
Salz

Zubereitung

1 Die gerissenen gekochten roten Rüben mit gerissenem Apfel und Kren verrühren.
2 In einer Kasserolle Essig, Zucker, Kümmel und Salz erhitzen, dabei ständig rühren, bis sich der Zucker gelöst hat.
3 Nach 5 Minuten Kochen diese Lösung über die Rüben-Kren-Mischung gießen und gut verrühren, zugedeckt dann mindestens 12 Stunden im Kühlen stehen lassen, dabei mehrmals umrühren.

➣ Apfelkren

Zutaten für ca. 4 Portionen

300 g Äpfel, säuerlich, geschält, entkernt
2–3 EL Zitronensaft
15 g fein gerissener Kren
10 g Zucker
Salz
1 EL Öl

Zubereitung

1 Äpfel mit Krenreißer fein schaben und sofort mit Zitronensaft verrühren.
2 Restliche Zutaten einmengen.

Variante: Mandelkren

– Für Mandelkren kann man 50 g abgezogene, grob gemahlene oder gehackte Mandeln beigeben.

Gefüllte Paprika in Paradeissauce

Zutaten für 4 Portionen
8 Paprikaschoten, grün, klein, dünnwandig
250 g Schweinefleisch (fett), faschiert
250 g Rindfleisch, faschiert
200 g Reis, gekocht
60 g Zwiebeln, sehr fein geschnitten
3 EL Öl
1 Knoblauchzehe, zerdrückt
1 EL Petersilie, gehackt
Salz
Pfeffer, schwarz, aus der Mühle
Majoran, gerebelt

Beilagenempfehlung:
Salzerdäpfel

Zubereitung

1 Paprikaschoten rund um den Stiel einschneiden, diesen herausziehen, reinigen, beiseite legen, weiße Samenkörner auswaschen.
2 Faschiertes mit Reis und etwas Wasser locker abmengen (nicht kneten).
3 Zwiebeln in Fett rösten, überkühlen lassen, mit den Gewürzen, Knoblauch, Petersilie und Faschiertem vermischen. Masse in Paprika einfüllen, Stiel verkehrt als Verschluss in die Öffnung drücken.

Methode I

– Paradeissauce in Kasserolle oder Bratpfanne erhitzen, Paprika einlegen und bei mäßiger Hitze (180 °C) schwach wallend zugedeckt dünsten (Backrohr oder Herd).

Methode II

– Passendes Geschirr ausfetten, Paprika einsetzen, mit Fett bestreichen. Im Backrohr halbfertig braten, mit heißer Paradeissauce übergießen und fertig dünsten.

➣ Paradeissauce

Zutaten für ca. 1¼ l Sauce:

1 kg Paradeiser, fleischig, vollreif
40 g Butter
30 g Mehl, glatt
120 g Zwiebeln, fein geschnitten
5 dl Rindsuppe, mild, oder Wasser
15 Pfefferkörner
Salz
Kristallzucker nach Geschmack
Paradeismark nach Geschmack

Zubereitung

1 Paradeiser in Spalten schneiden. Butter schmelzen, Zwiebeln glasig anlaufen lassen, Mehl beigeben. Kurz anschwitzen, mit Suppe oder Wasser aufgießen, glatt rühren (Schneerute), Paradeiser und Pfefferkörner beigeben. Alles gemeinsam ca. 20 Minuten weichdünsten. (Wer Farbe und Geschmack intensivieren will, füge der Sauce etwas Paradeismark bei.)

2 Sauce durch feines Drahtsieb streichen oder mit einer „Flotten Lotte“ passieren (nicht mixen), mit restlichen Gewürzen abschmecken.

3 Die Wiener Paradeissauce muss im Gegensatz zu italienischen Tomatensaucen unbedingt etwas gezuckert werden.

Wiener Schnitzel

Zutaten für 4 Portionen

600 g Kalbsfrikandeau oder Schale (Kaiserteil), pariert (zugeputzt)
2 Eier
Salz
Mehl, glatt
Semmelbrösel
Butterschmalz oder Öl
Zitronenspalten oder -hälften

Beilagenempfehlung:
Erdäpfel-, Gurken-, Paradeis-, Mayonnaise- oder Blattsalat, Petersilerdäpfel

Zubereitung

1 Kalbfleisch je nach Produktwahl mit Einfach- bzw. Klappschnitt portionieren (4 Schnitzel). Ränder leicht einschneiden, Schnitzel mit Klarsichtfolie bedecken und zart plattieren (klopfen). Die Stärke der Schnitzel ist individuell auf den persönlichen Geschmack abgestimmt, misst jedoch im Normalfall ca. 6 mm.

2 Schnitzel beidseitig gleichmäßig salzen, Eier mit Gabel verschlagen (nicht mixen). Schnitzel in Mehl beidseitig wenden, durch Eier ziehen und danach in Semmelbrösel wenden (Brösel zart andrücken). Schnitzel leicht abschütteln.

3 Reichlich Fett (Tiefe etwa 2–3 cm) in passender Pfanne erhitzen. Schnitzel in heißes Fett einlegen. Unter wiederholtem Schwingen der Pfanne die Schnitzel bräunen, mittels Fleischgabel vorsichtig wenden, fertig backen und mit Backschaufel aus der Pfanne heben.

4 Schnitzel abtropfen lassen, mit Küchenkrepp das überschüssige Fett abtupfen. Mit Zitronenspalten oder -hälften auftragen.

Das Ursprungsgebiet dieses heute weltweit mit Wien assoziierten Gerichts liegt keineswegs in Wien selbst. Die vielzitierte Legende, dass die kolonialistischen Wiener der Donaumonarchie einfach das berühmte „Costoletta milanese“ auf Anregung des Feldmarschalls von Radetzky hin eingemeindet hätten, stimmt auch nicht ganz. Bröselgebackenes Fleisch findet sich bereits bei den Marranen, die das Gericht nach ihrer Vertreibung aus Spanien nach Südosteuropa brachten. Auch die venezianische Sitte, Fleisch zu vergolden, fand nach ihrem Verbot im Jahr 1514 ihre preisgünstigere Fortsetzung darin, dass man das Fleisch mit einer goldenen Bröselkruste versah. Feldmarschall Joseph Wenzel von Radetzky lernte das Gericht während des Risorgimento in Mailand kennen und erwähnte es sogar in einem strategischen Bericht an den Wiener Hof. Als der politisch letztlich glücklose Feldmarschall wieder dorthin zurückkehrte, soll er von der Hofküche sogar ausdrücklich um dieses Rezept gebeten worden sein. Allerdings hatte Radetzky in Mailand keine schmalzgebackenen, aus der Schale geschnittenen Kalbsschnitzel, sondern in Olivenöl gebräunte Kalbskoteletts kennengelernt.

Nicht legendenumrankt, sondern absolut obligatorisch ist jedoch die Forderung, dass ein Wiener Schnitzel immer ein Kalbsschnitzel sein muss. Ansonsten heißt es „Schweinsschnitzel gebacken“.

Gefüllte Kalbsbrust

Zutaten für 8 Portionen

3 ½ kg Kalbsbrust,
ohne Rippen, untergriffen
Kalbsknochen von der
Brust, fein gehackt

400 g Weißbrot, entrindet
½ l Milch
120 g Butter
7 Eier
100 g Brösel, von entrindetem
Weißbrot
20 g Petersilie, gehackt
Salz
Pfeffer, weiß, gemahlen
Muskatnuss
Öl zum Braten
Mehl zum Stauben

Beilagenempfehlung:
Petersilerdäpfel und
grüner Salat

Zubereitung

1 Die Knochen der Kalbsbrust zum größten Teil auslösen (nur die Knorpel sollen zurückbleiben), an der Schmalseite beginnend untergreifen, d.h. mit dem Messer vorerst einschneiden und dann mit der Hand die Öffnung erweitern.

Fülle

2 Brot in Milch einweichen, ausdrücken, passieren. Butter schaumig rühren, verschlagene Eier langsam unter die Butter mengen. Passiertes Weißbrot, Brösel, Petersilie und Gewürze zugeben.

3 Masse in die taschenförmige Öffnung der Brust einfüllen, dabei stets nach hinten drücken. Öffnung mit Spagat zunähen, salzen und mit der schönen Seite (der Oberseite) nach unten auf die Knochenunterlage in eine Pfanne setzen. Mit Butterstücken belegen und im heißen Rohr sehr schnell anbraten.

4 Dann die Hitze drosseln, mit Wasser untergießen und unter wiederholtem Begießen (die Haut der Kalbsbrust trocknet leicht) mit dem Bratensaft insgesamt etwa 1 ¾ Stunden braten. Nach einer guten halben Stunde die Kalbsbrust wenden. Die Kalbsbrust muss mit häufiger Beigabe von Wasser gebraten werden, nur dann lässt sie sich schön leicht schneiden. Sie soll nur eine hellbraune Färbung erreichen. Die gefüllte Kalbsbrust vor dem Aufschneiden mindestens ½ Stunde warm gestellt rasten lassen.

5 Den Bratensaft inzwischen eingehen lassen, mit ganz wenig Mehl bestauben, mit ⅜ l Wasser aufgießen, gut verkochen und abseihen.

Gedünstete Rahmkalbsvögerl

Zutaten für 4 Portionen

1 kg Kalbsvögerl (ausgelöste Kalbsstelze)
4 EL Öl
3 dl Suppe oder Wasser
⅛ l Sauerrahm
20 g Mehl, glatt
Zitronenschale, gerieben
Zitronensaft
Salz
Mehl zum Wenden

Beilagenempfehlung:
Bandnudeln, Spätzle, Häuptelsalat

Zubereitung

1 Vögerl parieren (zuputzen), aber nicht die Deckhäute abziehen; entlang der Muskelstränge in Stücke trennen.
2 Fleisch salzen, in Mehl wälzen.
3 Öl in Kasserolle erhitzen, Vögerl darin allseitig braten, mit Suppe oder Wasser aufgießen, leicht salzen und zugedeckt ca. 1 ½ Stunden dünsten (Flüssigkeit nach Bedarf ergänzen).
4 Sauerrahm mit Mehl abrühren, Vögerl aus dem Saft heben.
5 Mehl-Sauerrahm-Gemisch einrühren, Zitronenschale beigeben, durchkochen, passieren, etwas Zitronensaft zugießen.
6 Kalbsvögerl einlegen, ziehen lassen, servieren.

Kalbsnierenbraten

Zutaten für 6 Portionen

2 kg Kalbsnierenbraten (mit Knochen)
5 EL Öl
1 TL Mehl, glatt
30 g Butter zum Montieren
Salz
Pfeffer, schwarz, aus der Mühle
ca. 4 dl Wasser

Beilagenempfehlung:
Reis, Risipisi, Erbsen

Zubereitung

1 Niere vom Nierenbraten ablösen, parieren (zuputzen). Nierenbraten aushacken oder vom Fleischhauer bratfertig vorbereiten lassen. Rückgratknochen fein hacken.

2 Etwas Öl in Bratenpfanne verteilen, Knochen einschichten. Kalbsnierenbraten beidseitig salzen, mit Öl einstreichen.

3 Mit der Außenseite nach unten auf das Knochenbett legen. Bei anfangs forcierter (starker) Hitze braten (220 °C), öfter mit sich bildendem Bratrückstand übergießen, Temperatur etwas reduzieren. Fallweise etwas Wasser untergießen.

4 Nach halber Bratzeit, also etwa nach einer Stunde, wenden, öfter übergießen. Niere unausgelöst (im Fettmantel) mit Salz und Pfeffer würzen, dem Nierenbraten beilegen. (Die Niere benötigt eine wesentlich kürzere Garzeit als das Fleisch.)

5 Mit der Nadel Garungsprobe vollziehen – klarer Saft muss austreten. Nierenbraten und Niere aus der Pfanne heben, Knochen weiterrösten, bis alle Flüssigkeit verdunstet ist. Mehl einstreuen, weiterrösten, mit Wasser aufgießen, reduzierend kochen. Saft abseihen, aufkochen, kalte Butterstücke einrühren.

6 Fleisch in Tranchen schneiden, je eine Nierenscheibe zum Bratenstück reichen.

Gerollter Nierenbraten

- Rohen Nierenbraten auslösen, salzen, Niere vierteln, mit Salz und Pfeffer bestreuen. Niere entlang der Rückenrose (Innenseite) einordnen, das mit Niere belegte Fleischstück straff einrollen, mit Spagat binden. Dann wie erwähnt braten. Die Bratzeit reduziert sich um etwa 25 Minuten.

Glacierte Kalbsvögerl

Zutaten für 4 Portionen

1 kg Kalbsvögerl (ausgelöste Kalbsstelze)
120 g Spickspeck
4 EL Öl
2 dl Kalbsknochensuppe, Wasser oder brauner Fond
Salz

Beilagenempfehlung:
Reis, Risipisi, Erbsen, Häuptelsalat

Unter Kalbsvögerl versteht man in der Wiener Küche ursprünglich eine ausgelöste und zu einer Roulade dressierte Kalbsstelze. Die „kälbernen Vögel", die schon das Granat-Apffel-Kochbuch (1699) und Conrad Hagger (1719) anführen, sind gerade in der Wiener Küche vor allem in der glacierten und gespickten Variante populär geworden.

Zubereitung

1 Vögerl parieren (zuputzen), aber nicht die Deckhäute abziehen; entlang der Muskelstränge in Stücke trennen.

2 Speck in ca. 4 mm dicke Streifen schneiden. Mittels Spicknadel die Vögerl spicken. Das Fleisch salzen.

3 Öl in einer Bratpfanne erhitzen, Vögerl darin allseitig licht anbraten und in das vorgeheizte Backrohr schieben. Unter ständigem Begießen ca. 1 ½ Stunden braten, nach und nach Wasser oder Suppe zugeben, fertig braten, wobei der Übergießvorgang mit dem sich reduzierenden Saft ständig wiederholt werden muss. Dadurch entwickeln die Vögerl jene charakteristisch glänzende Oberfläche, die einer Glasur gleicht.

4 Vögerl aus der Pfanne heben, den Saft in der Konsistenz bei Bedarf durch Flüssigkeitszugabe bzw. reduzierendes Kochen optimal regulieren. Den Saft seihen (eventuell vorher mit kalten Butterstücken montieren oder mit etwas Speisestärke zart binden). Vögerl gegen den Faserlauf in Scheiben schneiden oder im Ganzen auftragen.

Katzeng'schroa

Zutaten für 4 Portionen

2 EL Butterschmalz
150 g Zwiebeln
150 g Kalbfleisch (Stelze)
150 g Schweinefleisch (Schulter)
Salz
Pfeffer, schwarz, gemahlen
Majoran, gerebelt
1 EL Kapern, fein gehackt
50 g Essiggurkerl, fein gehackt
30 g Sardellenfilet
150 g Sauerrahm
2 EL Mehl
⅜ l Rindsuppe
Saft von einer Zitrone

Zubereitung

1 Zwiebeln fein schneiden und in Butterschmalz glasig werden lassen.
2 Das klein gewürfelte Fleisch beigeben und anbraten. Mit Rindsuppe aufgießen, würzen und weich dünsten.
3 Essiggurkerl, Kapern, Sardellen beigeben.
4 Das Mehl mit dem Sauerrahm verrühren und die Sauce damit sämig binden.
5 Zum Schluss mit etwas Zitronensaft abschmecken und mit Petersilerdäpfel servieren.

In manchen Gegenden werden dem Katzeng'schroa auch noch Innereien wie Leber und Nierndln hinzugefügt.

Rindsgulasch (Wiener Saftgulasch)

Zutaten für 4 Portionen

1 kg Wadschinken, pariert (zugeputzt)
1 kg Zwiebeln
1 dl Öl oder ausgelassenes Kernfett
1 EL Paradeismark
ca. 1 l Wasser
2–3 EL Paprikapulver, edelsüß
2 Knoblauchzehen, zerdrückt
Salz
1 TL Kümmelpulver
Majoran, gerebelt
Essig (Hesperidenessig)

Beilagenempfehlung:
Salzerdäpfel, Semmel- oder Serviettenknödel

Zubereitung

1 Zwiebeln fein schneiden, in heißem Öl braun rösten, Paprikapulver untermengen, kurz durchrühren, mit einem Spritzer Essig und etwas Wasser ablöschen.

2 Etwa ½ l Wasser beigeben, Zwiebeln weichdünsten und eventuell passieren.

3 Fleisch in dicke Würfel schneiden. Zwiebeln in passendem Topf gemeinsam mit Fleischstücken, Paradeismark, Knoblauch und anderen Gewürzen zugedeckt am Herd oder im Backrohr schwach wallend ca. 2–3 Stunden dünsten. Die Flüssigkeit bei Bedarf mit Wasser korrigieren. Das Fleisch soll kernig weich sein, da es im heißen Saft noch nachgart. Das Wiener Saftgulasch sollte am Schluss etwas rotes Fett, den so genannten Spiegel, an der Oberfläche aufweisen.

Das Gulasch geht auf das ungarische Wort gulya zurück, was so viel wie Rinderherde bedeutet. Im Gegensatz zum original ungarischen Gulyas (bei dem man das dünnflüssigere und kleinfleischigere gulyásleves und das molligere sowie großfleischigere gulyáshús unterscheidet) ist das Wiener Saftgulasch ein eigenständiges Gericht, das sich von seinen ungarischen Vettern nur den Namen und den Paprika geborgt hat. Während das klassische ungarische Gulyas am ehesten der österreichischen Gulaschsuppe entspricht, ist das Wiener Gulasch ein mit Paprikapulver gewürztes Rindsragout, in dem die Speckwürfel und Paprikaschoten des verwandten ungarischen Pörkölt nichts verloren haben.

Wie populär Gulaschspezialitäten in der Donaumonarchie waren, beweist ihre Vielfalt. So findet man in alten Kochbüchern u.a. Andrássy-Gulasch, Bauerngulasch, Bohnengulasch, Bosnisches Gulasch, Debreziner Gulasch, Eierschwammerl-Gulasch, Esterházy-Gulasch, Fiakergulasch, Fischgulasch, Fiumer Gulasch, Gansleber-gulasch, Herrengulasch, Hunyadi-Gulasch, Kaisergulasch, Karlsbader Gulasch, Karoly-Gulasch, Kesselgulasch, Lungenbratengulasch, Palffy-Gulasch, Pester Gulasch, Pressburger Gulasch, Schweinsgulasch, Serbisches Gulasch, Triester Gulasch, Zelny Gulasch, Zigeunergulasch oder Znaimer Gulasch. Manche dieser Gulaschrezepte sind längst vergessen, andere noch in bestimmten Regionen verbreitet. Ungebrochener Popularität erfreuen sich in der österreichischen Küche jedoch die drei folgenden Gerichte, s. S. 128–132.

Kalbsrahmgulasch mit Nockerln

Zutaten für 4 Portionen

Kalbsrahmgulasch

1 kg Kalbsschulter oder -vögerl
200 g Zwiebeln
4 EL Öl
¾ bis 1 l Wasser
⅛ l Sauerrahm
20 g Paprikapulver, edelsüß
20 g Mehl, glatt
Salz
Zitronensaft
Schale einer Zitrone

Zutaten für 6–8 Portionen

Nockerln

500 g Mehl, glatt
3 Eidotter
3 Eier
2 dl Milch
1 EL flüssige Butter
Salz

Zubereitung

1 Ausgelöstes Kalbfleisch in etwa 3–4 cm große Würfel, Zwiebel kleinwürfelig schneiden. Öl erhitzen, Zwiebeln hellbraun rösten, Paprikapulver beigeben. Schnell durchrühren, sofort mit kaltem Wasser ablöschen.

2 Kalbfleisch untermengen, andünsten, salzen. Mit etwas Wasser aufgießen, Zitronenschale und Saft beigeben. Fleisch zugedeckt im Backrohr ca. 1 ½ Stunden kernig weichdünsten. Fleisch aus dem Saft heben.

3 Sauerrahm mit Mehl gut versprudeln und in den kochenden Saft einrühren. Einige Minuten verkochen lassen, würzen und mixen oder durchpassieren.

4 Fleisch nochmals in den Saft geben und erwärmen.

Nockerln

1 Alle Zutaten mittels Kochlöffel zu einem glatten Teig verrühren.

2 Reichlich Wasser zum Kochen bringen. Teig mittels Nockerlsieb oder Teigkarte in das Wasser einkochen, stets mit Kochlöffel umrühren, damit keine Klumpen entstehen.

3 Nockerln aufkochen, abseihen, heiß abschwemmen. Butter schmelzen, Nockerln darin schwenken, salzen.

Szegediner Gulasch

Zutaten für 4 Portionen

¾ kg Schweinsschulter oder Bauchfleisch, ausgelöst oder mit Schwarte
4 EL Schweineschmalz oder Öl
80 g Zwiebeln
15 g Paprikapulver, edelsüß
½ kg Sauerkraut
Salz
Pfefferkörner, schwarz
Knoblauch, 2–3 Zehen, zerdrückt
1–2 TL Kümmel
Lorbeerblatt
10 g Mehl, glatt
⅛ l Sauerrahm
¾ l Suppe oder Wasser

Zubereitung

1 Fleisch in ca. 3 cm große Würfel schneiden.

2 Klein geschnittene Zwiebeln in Schmalz oder Öl anlaufen lassen, Paprika einstreuen, sofort mit etwas Wasser ablöschen.

3 Fleisch salzen, beigeben, Wasser oder Suppe untergießen. Zugedeckt 45 Minuten dünsten. Sauerkraut, Kümmel, Pfeffer, Lorbeerblatt sowie Knoblauch hinzufügen, gemeinsam noch 30–40 Minuten garen. Nach Bedarf Flüssigkeit ergänzen.

4 Lorbeerblatt entfernen, mit Sauerrahm garnieren.

Beilagenempfehlung:

Salz- oder Kümmelerdäpfel

Das Szegediner Gulyas wurde keineswegs, wie der Name vermuten ließe, in der Paprikastadt Szeged erfunden, sondern verdankt seinen Namen einer populär gewordenen Verwechslung. Ursprünglich heißt es nämlich Székelygulyas, was wiederum auf die Szekler, die ungarischen Einwohner Siebenbürgen-Transsylvaniens zurückgeht. Allerdings kursiert auch die vom ungarischen Schriftsteller Sándor Petőfy (1823–49) verbreitete Geschichte, dass auch das Székelygulyas nicht in Siebenbürgen, sondern Mitte des 19. Jahrhunderts in Budapest von einem Bibliothekar namens Székely „erfunden" worden sei.

Erdäpfelgulasch

Zutaten für 4 Portionen

800 g Erdäpfel, mehlig, roh, geschält
20 g Paprikapulver, edelsüß
200 g Zwiebeln
4 EL Schmalz oder Öl
2 Knoblauchzehen, gepresst
300 g Wurst (Dürre, Extra, Knackwurst)
1/8 l klare Suppe oder Wasser
1 TL Essig
Salz
Pfeffer, schwarz, gemahlen
Majoran, gerebelt

Zubereitung

1. Zwiebeln fein, Wurst würfelig oder in Scheiben schneiden, Erdäpfel vierteln.
2. Fett erhitzen, Zwiebeln darin goldbraun rösten. Paprikapulver beigeben, durchrühren, sofort mit Essig ablöschen.
3. Mit Wasser oder Suppe aufgießen, Erdäpfel, Knoblauch und Gewürze beimengen und unter oftmaligem Rühren ca. 20 Minuten garen, bis der Saft durch die Kartoffelstärke cremig wird und die Erdäpfel weich sind.
4. Wurst beigeben und einige Minuten mitkochen.

Salzburger Bierfleisch

Zutaten für 4 Portionen

1 kg mageres Rindfleisch (wird auf dem Land auch aus magerem Schweinefleisch zubereitet)
4 kleine Zwiebeln
1 Schnitte dunkles Bauernbrot
100 g kleinwürfelig geschnittener Räucherspeck
20 g Butterschmalz
⅓ l dunkles Bier
Salz
Pfeffer schwarz, gemahlen oder Körner
3–4 Wacholderbeeren
Kümmel
Majoran, gerebelt
Koriander
2 Lorbeerblätter
10 g Butter
2 kleine, geschälte, in Würfel geschnittene Karotten

Zubereitung

1 Zwiebeln klein schneiden, in Butterschmalz mit dem Räucherspeck anrösten. Das in grobe Würfel geschnittene Rindfleisch dazugeben und kräftig kurz mit anbraten. Mit ¾ der Biermenge aufgießen.

2 Salzen, pfeffern, Wacholderbeeren, Koriander und Kümmel in Butter drücken und mit einem Messer zerschneiden. Majoran und Lorbeerblätter dazugeben und das Ganze zugedeckt mit dem Bauernbrot nicht zu weich (ca. 1,5 bis 2 Stunden) dünsten, bei Bedarf etwas Wasser zugießen. Das Fleisch mit Siebschöpfer und Gabel herausnehmen.

3 Die Sauce durch ein Sieb passieren. Fleisch wieder in die Sauce legen, Karotten und restliches Bier dazugeben und leicht einreduzieren lassen, bis die Karotten gar sind.

Beilagenempfehlung:
Semmelknödel, Bandnudeln oder Erdäpfel

Das Bierfleisch wird in anderen Regionen (z.B. Ober- und Niederösterreich) auch mit hellem Bier zubereitet. Bier spielt ganz generell in der österreichischen Küche (vor allem in den Nicht-Weinländern) eine große Rolle. Der Bogen reicht von Bierkäse und Biersuppe über Bierstangerl und Bierteig bis zum Karpfen in Biersauce.

Steirisches Schöpsernes

Zutaten für 4 Portionen

600–800 g Hammelschulter (Lammschulter)
ca. 3/4 l Wasser oder Lammsuppe
200 g Wurzelgemüse
200 g Kohl oder Weißkraut, grob geschnitten
200 g Erdäpfel
Pfeffer
Lorbeerblatt
Knoblauch
Majoran oder Thymian, gerebelt
Salz

Zubereitung

1 Das Fleisch wird wie beim Gulasch in Würfel geschnitten und in Salzwasser oder besser in einer würzigen Lammsuppe mit Wurzelgemüse (Karotten, Sellerie, Petersilie, eventuell gelbe Rüben oder auch Pastinaken), Zwiebelringen, Kohl oder Kraut und Erdäpfel (grob gewürfelt, geschabt) als Bindung weich gekocht.

2 Am Schluss wird das Ganze (wenn nicht schon mit geschabten Erdäpfeln gebunden wurde) eventuell mit einer Einmach oder auch Einbrenn leicht gebunden und mit Knoblauch, Thymian oder Majoran, Lorbeer und Pfeffer gut gewürzt.

Dieses Rezept kann selbstverständlich auch mit Lammfleisch zubereitet werden.

Steirisches Wurzelfleisch (Krenfleisch)

Zutaten für 4 Portionen

900 g Schweineschulter oder Schopf (Hals)
Schweineknochen, kurz überbrüht und kalt abgespült
300 g Wurzelgemüse (Sellerie, Karotten, gelbe Rüben)
2 Lorbeerblätter
Pfefferkörner, schwarz
Knoblauch, 2 Zehen
2 EL Weißweinessig
3 EL geriebener Kren
Schnittlauch, geschnitten

Wurzelfleisch wurde früher, vor allem in der Steiermark, auch häufig mit Schöpsernem zubereitet. Darunter versteht man das Fleisch von männlichen kastrierten Schafen (Schöps oder Hammel) im Alter von 12–14 Monaten. Da man in der Nachkriegszeit aus Spargründen vor allem das Fleisch älterer, bereits intensiv riechender Tiere verwendete, kam das Schöpserne leider ziemlich in Verruf und wird meist mit der „Warnung“ verwendet, man müsse es, damit das Fett nicht schmierig wird, unbedingt ganz heiß servieren.

Zubereitung

1 Das Schweinefleisch mit den Schweineknochen in leicht gesalzenes heißes Wasser mit den Abschnitten vom Wurzelgemüse und Gewürzen einlegen, langsam köcheln lassen, zwischendurch den sich bildenden Schaum abschöpfen.

2 Das Wasser soll das Fleisch nur knapp bedecken. Durch zu viel Wasser wird die Suppe zu schwach bzw. geschmacksarm. Wenn das Fleisch weich wird, etwas Kochsud abseihen und darin die Wurzelstreifen der Reihe nach (gelbe Rüben, Karotten und Sellerie) in ca. 2 Minuten Abständen einlegen und kochen.

3 Den Wurzelsud mit Essig abschmecken, das Fleisch in Scheiben schneiden und mit dem Wurzelgemüse sowie etwas Suppe anrichten.

4 Mit frisch geriebenem Kren und Schnittlauch bestreuen und sofort mit Salz- oder Kümmelerdäpfeln servieren. In manchen Gegenden wird das Wurzelfleisch gewürfelt serviert und auch als Krenfleisch bezeichnet.

Rindsrouladen

Zutaten für 4 Portionen

4 Rindsschnitzel (Hüferscherzel) à 160 g
50 g Karotten
50 g gelbe Rüben
80 g durchzogener Selchspeck
50 g Essiggurken
100 g Zwiebeln
8 Kapern
4 EL Öl
20 g Mehl, glatt
⅛ l Sauerrahm
¾ l Wasser oder Suppe
Salz
Pfeffer, schwarz, aus der Mühle
Estragonsenf
Mehl zum Bestauben

Beilagenempfehlung:
Erdäpfelpüree, Teigwaren, Häuptel-, Gurken- oder Paradeissalat

Zubereitung

1 Rindsschnitzel klopfen, Ränder einschneiden, salzen, pfeffern, mit Senf bestreichen.

2 Wurzeln schälen und ebenso wie Speck und Gurken in 4 mm dicke Streifen schneiden. Diese auf die Rindsschnitzel legen, zu Rouladen einrollen, mit Zahnstochern, Spagat oder Rouladenklammern fixieren.

3 Rouladen mit Mehl bestauben. Öl erhitzen, Rouladen allseitig braun anbraten, aus der Kasserolle heben.

4 Nudelig geschnittene Zwiebeln licht anrösten, Mehl einmengen, rösten, mit Suppe oder Wasser aufgießen, glatt rühren.

5 Rouladen sowie gehackte Kapern beigeben, zugedeckt am Herd, im Rohr oder im Schnellkochtopf ca. 1 ½ Stunden dünsten. Kernig gegarte Rouladen aus der Sauce heben, Sauerrahm und, wenn nötig, noch etwas Mehl einrühren, aufkochen, passieren. Mit Senf abschmecken.

6 Rouladen vor dem Servieren von Zahnstochern (Spagat/ Klammern) befreien.

Zwiebelrostbraten

Zutaten für 4 Portionen

700 g Rostbratenried oder Beiried
500 g Zwiebeln
60 g Öl
20 g Butter, kalt
1,5 dl Wasser, Suppe oder brauner Fond zum Aufgießen
Salz
Pfeffer, schwarz, aus der Mühle
Mehl, glatt, zum Stauben
Öl zum Backen der Röstzwiebeln

Beilagenempfehlung:
Braterdäpfel, Salzgurke

Zubereitung

1 Geschälte Zwiebeln in feine Ringe schneiden (Maschine oder Hobel), in reichlich heißem Öl unter ständigem Rühren (Gabel) hellbraun backen, mit Schaum- oder Gitterlöffel herausheben, mit Löffel das Öl von den Zwiebeln ausdrücken, auf Küchenkrepp locker aufbreiten.

2 Man muss beachten, dass die Zwiebeln, nachdem sie aus dem Fett genommen werden, noch nachbräunen.

3 Rostbratenried in 4 Scheiben schneiden, Ränder einschneiden, zart plattieren (klopfen), beidseitig mit Salz und Pfeffer würzen. Eine Seite mit Mehl bestauben, anpressen.

4 In flacher Pfanne Fett erhitzen, Rostbraten mit Mehlseite nach unten einlegen, braun braten, die andere Seite ebenfalls bräunen. Rostbraten aus der Pfanne nehmen, überschüssiges Fett abgießen, Bratrückstand mit Wasser, Suppe oder braunem Fond ablöschen, gut durchkochen, Butterstücke unterrühren, Saft eventuell seihen. Rostbraten mit der erstgebratenen Seite nochmals in den Saft legen und warm einige Minuten ziehen lassen.

5 Rostbraten anrichten, mit Saft übergießen, obenauf knusprige, leicht gesalzene Röstzwiebeln häufen.

Vanillerostbraten

Zutaten für 4 Portionen

700 g Rostbratenried oder Beiried
60 g Öl
20 g Butter, eiskalt
Knoblauch, 3 Zehen, zerdrückt
1,5 dl Wasser
Suppe oder brauner Fond
Salz
Pfeffer, schwarz, aus der Mühle
Mehl, glatt, zum Stauben

Beilagenempfehlung:
Braterdäpfel

Zubereitung

1 Rostbratenried in 4 Scheiben schneiden, dünn plattieren (klopfen), beidseitig mit Salz und Pfeffer würzen, mit der Hälfte des Knoblauchs einreiben. Eine Seite mit Mehl bestauben, anpressen.

2 In flacher Pfanne Fett erhitzen, Rostbraten mit der Mehlseite nach unten einlegen, beidseitig unter einmaligem Wenden braun braten.

3 Rostbraten aus der Pfanne heben, überschüssiges Fett abgießen, Bratrückstand mit Wasser, Suppe oder braunem Fond ablöschen, gut durchkochen, restlichen Knoblauch beigeben, Butterstücke einrühren.

4 Rostbraten nochmals in den Saft einlegen und warm einige Minuten ziehen lassen, anrichten.

Knoblauch ist schon seit Jahrhunderten vor allem in Süd- und Osteuropa ein weit verbreiteter, preiswerter Würzstoff. Elegantere Haushalte setzten ihn von jeher sparsam ein, man bevorzugte teure Gewürze aus Übersee, wobei sich vor allem die kostspielige Vanilleschote, ähnlich wie der Safran, besonderer Beliebtheit erfreute. Da sich ein Arbeiterhaushalt jedoch kaum eine Vanilleschote hätte leisten können, ersetzte man diese kurzerhand durch Knoblauch – ohne einen Gedanken an den doch erheblichen Unterschied zwischen den beiden Gewürzen zu verschwenden. So kam der Knoblauch zu dem Beinamen „Vanille des kleinen Mannes“. Empfindsame Nasen sollten also vom „Vanillerostbraten“ nicht tropische süße Düfte erwarten.

Gedünsteter Zwiebelrostbraten

Zutaten für 4 Portionen

800 g Rostbratenried oder Beiried
200 g Zwiebeln
8 EL Öl
1 TL Mehl, glatt
4 dl milde Suppe oder Wasser
Salz
Pfeffer, schwarz, gemahlen
Estragonsenf

Beilagenempfehlung:
Schupfnudeln

Zubereitung

1 Rostbratenried in 4 Scheiben schneiden, plattieren (klopfen), Ränder einschneiden. Salzen, pfeffern, an einer Seite mit Senf bestreichen und gut einreiben. Zwiebeln in feine Streifen schneiden.

2 Öl erhitzen, Rostbraten mit Senfseite nach unten einlegen, braun anbraten, wenden, aus der Kasserolle heben.

3 Im verbliebenen Fett Zwiebeln bräunen, mit Mehl bestauben, durchrösten. Mit Suppe oder Wasser aufgießen, würzen, Rostbraten zugedeckt ca. 1 ¼ Stunden weichdünsten.

Girardirostbraten ▷ S. 146

Girardirostbraten

Zutaten für 4 Portionen

800 g Rostbratenried oder Beiried
4 EL Öl
80 g Zwiebeln
60 g Selchspeck
100 g Champignons
6 Kapern
20 g Mehl, glatt
⅛ l Sauerrahm
4 dl Wasser oder Suppe
Salz
Pfeffer, schwarz, aus der Mühle
Zitronenschale, gerieben
Petersilie, gehackt
1 Ei, hart gekocht, gehackt
Mehl zum Bestauben

Beilagenempfehlung:

Serviettenknödel, Teigwaren, Häuptel-, Paradeis- oder Gurkensalat

Zubereitung

1 Rostbratenried in 4 Scheiben schneiden, plattieren (klopfen), Ränder einschneiden. Salzen, pfeffern, eine Seite mit Mehl bestauben.
2 Öl erhitzen, Rostbraten mit Mehlseite nach unten einlegen und beidseitig braun anbraten. Aus der Kasserolle heben, fein gewürfelten Speck im verbliebenen Öl anschwitzen, fein gehackte Zwiebeln beigeben, kurz durchrösten, mit Suppe oder Wasser aufgießen, aufkochen.
3 Rostbraten einlegen, gehackte Kapern und Zitronenschale beigeben, zugedeckt ca. 1 ¼ Stunden dünsten. Champignons putzen, fein hacken, knapp vor Ende der Garung einmengen, kurz durchkochen. Rostbraten aus der Sauce heben.
4 Sauerrahm und Mehl glatt verrühren, in die Sauce gut einrühren, durchkochen. Säuerlich pikant abschmecken, Rostbraten wieder einlegen.
5 Angerichteten Rostbraten mit gehacktem Ei und Petersilie bestreuen.

Kulturhistorisch betrachtet, versteht man unter einem Rostbraten jedes Stück Fleisch, das nicht auf einem Spieß gedreht, sondern auf einem Bratrost gegart wurde. Mit dem Wiener Rostbraten hat das allerdings so gut wie nichts zu tun, da dieser – ob gebraten oder gedünstet – immer in einer Pfanne zubereitet wird. Der Rostbraten ist, schlachttechnisch gesehen, identisch mit der Hohen Beiried oder Rostbratenried im Hinterviertel des Rindes. Das zwar etwas faserige, aber gut durchzogene und daher sehr saftige Fleisch ist die Grundlage zahlreicher Wiener Rostbratenspezialitäten, von denen manche wie etwa der Znaimer Rostbraten, der Maschinrostbraten (benannt nach einem Vorläufer des Druckkochtopfs) oder der Hunyadi-Rostbraten (Rollrostbraten mit Nudel-Selchfleischfülle und Paprikasauce) schon etwas in Vergessenheit geraten sind. Die aufgeführten Rostbratenrezepte erfreuen sich in der österreichischen Küche jedoch ungebrochener Beliebtheit. Auch die Rindsrouladen (s. S. 139) sind zwar ein durchaus eigenständiges Gericht, aber letztlich eine Rostbraten-Ableitung.

Esterházyrostbraten

Zutaten für 4 Portionen

800 g Rostbratenried oder Beiried
200 g Wurzeln (Karotten, Sellerie, gelbe Rüben)
4 EL Öl
20 g Butter
100 g Zwiebeln
8 Kapern
⅛ l Sauerrahm
4 dl Suppe oder Wasser
20 g Mehl, glatt
Salz
Pfeffer, schwarz, aus der Mühle
Estragonsenf
Zitronenschale, gerieben
1 EL Petersilie, gehackt

Beilagenempfehlung:

Tarhonya, Serviettenknödel, Band- oder Spiralnudeln, Häuptel-, Paradeis- oder Gurkensalat

Zubereitung

1. Rostbratenried in 4 Scheiben schneiden, dünn klopfen (plattieren), Ränder einschneiden. Salzen, pfeffern, mit Senf bestreichen. In heißem Fett beidseitig braun anbraten, aus der Kasserolle heben.
2. Nudelig geschnittene Zwiebeln licht rösten, mit Wasser oder Suppe aufgießen, verrühren, aufkochen und Rostbraten einlegen. Gehackte Kapern und Zitronenschale hinzufügen.
3. Zugedeckt am Herd oder im Rohr ca. 1 ¼ Stunden dünsten. Geschälte Wurzeln in feine, lange Streifen schneiden, in heißer Butter andünsten und ca. 8–10 Minuten vor Garungsende zu den Rostbraten geben. Gemeinsam weich dünsten.
4. Fleisch aus der Sauce heben; Sauerrahm und Mehl verrühren, unter die Sauce mengen, einige Minuten verkochen lassen. Rostbraten anrichten, mit Wurzelsauce bedecken und mit Petersilie bestreuen.

Schweinsbraten (Glaciertes Schweinskarree)

Zutaten für 6–8 Portionen

2 kg Schweinskarree, Rückgrat ausgehackt
5 EL Schweineschmalz oder Öl
Salz
Kümmel, ganz
Knoblauch, 4–5 Zehen, zerdrückt
400 g Karreeknochen, gehackt
1 TL Mehl, glatt

Beilagenempfehlung:

Reis, Semmel- oder Serviettenknödel, Sauerkraut, warmer Krautsalat, Gurkensalat

Zubereitung

1 Schweinskarree mit Salz, Knoblauch und Kümmel kräftig einreiben. Schmalz oder Öl in Bratpfanne erhitzen, Knochen beigeben. Karree mit Außenseite nach unten auf die Knochen legen und ins Backrohr (220 °C) schieben.

2 Von Zeit zu Zeit etwas Wasser untergießen. Braten öfter mit Bratensaft übergießen, nach etwa 1 Stunde (halber Bratzeit) wenden. Oberseite knusprig braun braten. Karree aus der Pfanne heben, warm stellen.

3 Knochen rösten, bis das Wasser verdunstet ist. Etwas Mehl einstreuen, rösten, mit Wasser aufgießen. So lange kochen, bis richtige Konsistenz erreicht ist. Saft abseihen, Braten tranchieren.

Während der Schweinsbraten in den ländlichen Gebieten Österreichs vorwiegend in gesurter oder geselchter Form genossen wurde, wird der klassische Wiener Schweinsbraten natur mit Salz, Pfeffer, Knoblauch und Kümmel gebraten, bis er eine knusprige Schwarte bekommt. Die klassischen Beilagen dazu sind, neben gedünstetem Weißkraut oder Sauerkraut, Servietten- oder Semmelknödel (s. S. 151, 152). In Niederösterreich werden dazu Waldviertler Knödel gereicht (s. S. 99).

➣ Serviettenknödel

Zutaten für 6 Portionen

250 g Semmeln,
ca. 3–4 Tage alt
2 Eidotter
2 Eiklar
ca. 3 dl Milch, je nach Trockenheit der Semmelwürfel
70 g Butter
60 g Zwiebeln
Salz
Petersilie, gehackt
Butter zum Bestreichen

Zubereitung

1 Dotter, Milch und Salz verschlagen. Zwiebeln sehr fein schneiden, in heißer Butter anschwitzen.
2 Semmelwürfel, Eiergemisch, Zwiebeln, Petersilie gut vermengen und 1 Stunde rasten lassen.
3 Eiklar zu sämigem Schnee schlagen, unter die Semmelmasse heben.
4 Nasse Serviette oder kochfeste Plastikfolie mit flüssiger Butter bestreichen. Aus der Masse eine ca. 6 cm dicke Rolle formen, diese in die Serviette straff einrollen. Die Enden mit Spagat abbinden, in der Mitte ebenfalls abbinden.
5 In reichlich siedendes Salzwasser einlegen und ca. 40 Minuten schwach wallend kochen. Aus dem Wasser heben, Spagat lösen, Serviette entfernen.
6 Knödel in ca. 1 cm dicke Scheiben schneiden und diese mit flüssiger Butter bestreichen.

Verwendung: als Beilage zu gedünsteten Gerichten, Ragouts, Wildgerichten, Beuschel, Gulasch und zu Steinpilzen oder Eierschwammerl in Rahmsauce.

➣ Semmelknödel

Zutaten für 6 Stück

250 g Semmeln,
ca. 3–4 Tage alt
60 g Butter
60 g Zwiebeln
ca. 2 dl Milch, je nach
Trockenheit der Semmeln
40 g Mehl, griffig
3 Eier
Salz
Petersilie, gehackt

Zubereitung

1 Semmeln in kleine Würfel schneiden. Butter schmelzen, klein geschnittene Zwiebeln darin hell rösten. Eier und Milch gut verschlagen, salzen, über die Semmelwürfel gießen.

2 Alle Zutaten vermengen, einige Minuten anziehen lassen, Mehl unterheben.

3 Mit nassen Händen 6 Knödel formen und in reichlich Salzwasser schwach wallend ca. 12 Minuten kochen, vorsichtig aus dem Wasser heben und abtropfen lassen.

Verwendung: als Beilage zu Bauernschmaus, Schweinsbraten, Selchfleisch, Beuschel, gedünstetem Wild, Ragouts und für geröstete Knödel mit Ei

Geselchtes mit Grießknöderln und Kümmelkraut

Zutaten für 4 Portionen

800 g Geselchtes (Teilsames)
1 Bund Suppengrün
2 Lorbeerblätter
1 TL Neugewürzkörner

Kümmelkraut

500 g Sauerkraut
50 g Butterschmalz
2 EL Kümmel
Salz
Pfeffer
Knoblauch
1 Lorbeerblatt
50 g Speck
100 g Zwiebeln
½ l Rindsuppe
200 g braune Butter

Grießknöderl

¼ l Milch
50 g Butter
Salz
90 g Grieß
1 Ei
100 g Weißbrotbrösel

Zubereitung

1 Geselchtes über Nacht in kaltes Wasser legen.
2 In ungesalzenem Wasser mit Suppengrün und Gewürzen weich kochen.

Kümmelkraut

1 Zwiebeln und Selchspeck in Butterschmalz anschwitzen, gewaschenes Kraut beigeben, mit Rindsuppe aufgießen, Gewürze beigeben und weichdünsten.
2 Zum Schluss mit brauner Butter mischen.

Grießknöderl

1 Milch mit Butter und Salz aufkochen, Grieß beigeben und so lange kochen, bis er sich vom Topfboden löst.
2 Überkühlen lassen und anschließend Ei und Weißbrot beigeben.
3 Knöderl formen und im Siedefond vom Geselchten ziehen lassen.

Dieses Gericht gilt als oberösterreichische „Nationalspeis" und kann auch mit Surbraten zubereitet werden. Dazu trinkt man Bier oder Most.

Kroatischer Schindelbraten

Zutaten für 4 Portionen

4 Schweinslungenbraten
à 150 g
60 g Schmalz
40 g Butter
4 Knoblauchzehen, zerdrückt
Salz
Pfeffer, schwarz, gemahlen
Majoran, gerebelt
4 Scheiben durchzogener
Speck à 40 g
2 große Zwiebeln
200 g Senfgurken
Estragonsenf
600 g Erdäpfel, gekocht,
in Scheiben geschnitten
4 Salatblätter

Zubereitung

1 1 Zwiebel in Streifen schneiden, in Butter leicht anrösten und zu den Erdäpfeln geben, salzen, pfeffern und gut vermischen, dann in einer großen Bratpfanne verteilen.

2 Schweinefilet mit Salz und Pfeffer würzen und mit Knoblauch und Majoran einreiben. In der Pfanne rasch anbraten und auf die Erdäpfel-Zwiebelmischung legen, im heißen Rohr ca. 10–15 Minuten bei 170 °C ausbacken.

3 Die Senfgurken mit etwas Estragonsenf vermischen und auf die Salatblätter legen.

4 Die Speckscheiben und die Ringe der zweiten Zwiebel knusprig braten.

5 Die saftig gebratenen Filets schindelförmig aufschneiden und anrichten, mit den gerösteten Zwiebelringen bestreuen und mit Senfgurke, Speck und den mitgebratenen Erdäpfeln servieren.

Dieses Gericht geht auf die kroatische Minderheit im Burgenland zurück und verdankt seinen Namen der Tatsache, dass die Filets wie Dachschindeln übereinander angerichtet werden.

Warme Mehlspeisen

Topfenknödel ▹ S. 172

Palatschinken – Topfenpalatschinken

Zutaten für 6 Portionen
(= ca. 12 Stück)

Palatschinkenteig

ca. 0,4 l Milch
2 Eier
2 Eidotter
Prise Salz
180 g Mehl

flüssiges Butterschmalz
zum Backen

Topfenfülle

50 g Butter
10 g Staubzucker
1 KL Vanillezucker
Prise Salz
abgeriebene Schale einer
halben, unbehandelten
Zitrone
3 Eidotter
250 g passierter, eher
fester Topfen (10 %)
160 g Sauerrahm
30 g Rosinen
3 Eiklar
50 g Kristallzucker

Royale

150 g Sauerrahm
80 g Milch
1 Ei

Zubereitung

Palatschinkenteig

1 Die halbe Milchmenge mit Eiern, Eidotter und Salz mischen. Mehl zugeben und glatt rühren. Die restliche Milch nach und nach zugeben, bis der Teig eine dünnflüssige Konsistenz aufweist.

2 Palatschinkenpfanne erhitzen und eine kleine Menge Butterschmalz darin verlaufen lassen. Palatschinkenteig eingießen, durch Drehen der Pfanne gleichmäßig dünn verteilen, Farbe nehmen lassen, wenden und fertig backen. Palatschinken auf einem flachen Teller übereinander stapeln.

Topfenfülle

3 Butter mit Staubzucker, Vanillezucker, Salz und Zitronenschale schaumig rühren. Eidotter nach und nach zugeben. Topfen, Sauerrahm und Rosinen einrühren. Eiklar mit Kristallzucker zu Schnee schlagen und die Topfenmasse einmelieren.

Royale

4 Für die Royale alle Zutaten verrühren.

20 g Kristallzucker
1 KL Vanillezucker
Prise Salz

Staubzucker mit 10 % Vanillezucker gemischt zum Anzuckern

Vanillesauce
siehe Milchrahmstrudel, Seite 163

5 Die Palatschinken in zwei Reihen à 6 Stück, leicht überlappend, nebeneinander auf die Arbeitsfläche legen. Die Topfenfülle auf den Palatschinkenstreifen bis zur halben Höhe verteilen, aufrollen und auf halbe Palatschinkenlänge schneiden. Dachziegelartig in eine mit Butter bestrichene Pfanne schlichten, mit Butter bestreichen und bei 160 °C ca. 40 Minuten backen.

6 Nach 10 Minuten Backzeit Royale gleichmäßig über die Palatschinken verteilen und fertig backen. Pro Portion vier halbe Palatschinken mit Vanillesauce anrichten und leicht anzuckern.

Das ist die böhmischungarisch-österreichische Variante der Pfannkuchen. Hergestellt werden die Palatschinken aus einem dünnflüssigen Teig aus Mehl, Milch, Eiern und Salz, gebacken in der Palatschinkenpfanne. Benutzt man eine beschichtete Pfanne, bleibt der Teig nicht kleben und ein mit Butterschmalz getränktes Küchentuch genügt zum Befetten. Auf einem vorgewärmten Teller lassen sich mehrere Palatschinken warm halten, bevor sie gefüllt mit Konfitüre, Topfen, Powidl, Nüssen, Mohn, Früchten oder Eis, eventuell kombiniert mit verschiedenen Saucen und geschlagenem Obers, auf den Tisch kommen. Das ursprüngliche Palatschinkenrezept (lat. placenta, rumän. placinta, ung. pálácsintá) geht auf einen archaischen Fladenteig zurück, der früher auf heißen Steinen ausgebacken wurde. In die Wiener Kochbuchliteratur fand die Palatschinke erst im 19. Jahrhundert Eingang, davor war stets von Pfannzelten, Pfannkuchen oder Eierkuchen die Rede. Mittlerweile hat sich auch eine sehr genaue Unterscheidung zwischen Palatschinken/Pfannkuchen einerseits und Omeletten andererseits herausgebildet. Das wichtigste Unterscheidungsmerkmal ist die Konsistenz des Teiges, der bei Palatschinken dünn- und bei Omeletten dickflüssig zubereitet wird.

Mohr im Hemd

Zutaten für 6 Portionen

Puddingmasse

80 g altbackene, entrindete Semmeln oder Toastbrot
90 g Milch
90 g Butter
80 g flüssige Kuvertüre
1 KL Vanillezucker
Prise Salz
3 Eidotter
70 g geriebene Walnüsse oder Mandeln
50 g Semmelbrösel
3 Eiklar
70 g Kristallzucker

Schokoladesauce

80 g Kuvertüre
80 g Milchkuvertüre
200 g Obers

200 g geschlagenes Obers, leicht gesüßt

Zubereitung

Puddingmasse

1 Semmeln in Milch einweichen, ausdrücken und passieren. Butter mit Kuvertüre, Vanillezucker und Salz schaumig rühren. Eidotter nach und nach zugeben. Die Semmelmasse, Nüsse und Semmelbrösel einrühren. Eiweiß mit Kristallzucker zu Schnee schlagen und die Schokolademasse einmelieren. Mittels Dressiersack und großer Lochtülle die Puddingmasse dreiviertelhoch in 12 mit Butter bestrichene, mit Staubzucker bestreute Puddingformen füllen.

2 Formen in eine Kasserolle stellen und diese mit kochendem Wasser bis zur halben Formenhöhe füllen. Bei fast geschlossenem Deckel kurz aufkochen lassen, dabei beachten, dass das Wasser nicht über den Formenrand kocht. Kochtemperatur reduzieren und nahe dem Siedepunkt nur mehr ziehen lassen. Dampfbildung im Kochgeschirr und damit Aufgehen der Puddings durch leichtes Öffnen oder Schließen des Deckels regulieren.

3 Puddings bis etwa 10 mm über den Formenrand aufgehen lassen. Mit leichtem Fingerdruck in der Mitte eines Puddings überprüfen, ob sie gar sind (Garzeit ca. 30 Minuten).

Schokoladensauce

4 Kuvertüre und Milchkuvertüre zerkleinern. Obers aufkochen, Kuvertüren zugeben und auflösen. Masse mixen und warm halten.

5 Die Puddings stürzen, mit heißer Schokoladensauce und geschlagenem Obers anrichten.

Der „Mohr im Hemd“ ist ein klassisches Wiener Koch. So bezeichnet man nach Anna Finks 1894 erschienenem Kochbuch eine „leichte Mehlspeise, welche in der Form oder im Papierkästchen gebacken, in demselben hoch auflauft während des Backens und dann sofort mit demselben zu Tisch gebracht wird (...). Werden die Speisen aber in festgeschlossenen Formen, im Wasserdampf oder Dunst gesotten und gestürzt serviert, so nennt man sie Puddings oder Dunstköche.“

Apfelstrudel

Zutaten für 1 Strudel,
ca. 60 cm, ca. 10 Portionen

Strudelteig
200 g Mehl, glatt
ca. 0,1–0,25 l Wasser, lauwarm
1 EL Öl
Prise Salz
Mehl zum Bestreuen

Geröstete Brösel
60 g Butterschmalz
80 g Semmelbrösel
1 KL Kristallzucker
1 TL Vanillezucker

Apfelfülle
abgeriebene Schale einer halben, unbehandelten Zitrone
ca. 50 g Kristallzucker (je nach Säuregehalt der Äpfel)
850 g geschälte, entkernte, blättrig geschnittene Äpfel
50 g Rosinen
2 EL Rum
50 g grob gehackte Walnüsse
Prise Zimt
bei Bedarf etwas Zitronensaft

ca. 100 g Butter zum Bestreichen
Staubzucker mit 10 % Vanillezucker gemischt zum Bestreuen

Zubereitung

Strudelteig

1 Alle Zutaten in der Rührmaschine oder auf der Arbeitsfläche mit den Händen mischen und gut abarbeiten.
2 Anschließend mit der Hand zu einem glatten, seidigen Teig verarbeiten.
3 Zur Kugel formen, auf eine mit Öl bestrichene Unterlage wegsetzen und mit Öl befetten.

Geröstete Brösel

4 Butterschmalz erhitzen.
5 Semmelbrösel, Kristallzucker und Vanillezucker zugeben und rösten, bis der Zucker karamellisiert und die Brösel knusprig sind.

Apfelfülle

6 Zitronenschale mit einem Drittel der Zuckermenge mischen und auf der Arbeitsfläche (Granit, Marmor oder Kunststoff) mit einer Palette verreiben.*
7 Den restlichen Kristallzucker mit dem Zitronenzucker, den Äpfeln, Rosinen, Walnüssen, Rum, Zimt und eventuell Zitronensaft locker mischen.

8 Strudeltuch mit Mehl bestauben, den Strudelteig mit bemehlten Händen ausziehen. Über die Hand-

rücken von der Mitte aus durchscheinend dünn ziehen, möglichst über die Tischkanten, um ein Zusammenschlüpfen zu verhindern (Tischgröße etwa 70 × 70 cm), oder die Teigränder mit Gewichten oder Gläsern fixieren.

9 Die gerösteten Brösel in der Länge von 600 mm auf ein Viertel der Teigfläche verteilen.

10 Die Apfelfülle darüber auftragen und die freigehaltene Teigfläche mit flüssiger Butter bestreichen.

11 Die dicken Teigränder abschneiden, zum Strudel aufrollen.

12 Strudel mit Hilfe des Strudeltuches U-förmig auf ein mit Butter bestrichenes Backblech legen.

13 Mit Butter bestreichen und bei 180 °C ca. 60 Minuten backen.

14 Während des Backens zweimal und nach dem Ausbacken noch einmal dünn mit Butter bestreichen.

15 Nach kurzem Überkühlen portionieren und anzuckern.

Der Strudel (ahd. Stredan = wallen, brausen) ist als Mehlspeise etwa seit dem 18. Jahrhundert überliefert und nach seiner schneckenförmigen Fasson benannt. Die Wurzeln des Rezepts liegen in der Türkei, von wo der Strudel über Ungarn nach Wien gelangte. Die Wiener Strudelküche ist sowohl mit süßen als auch mit salzigen Füllungen äußerst facettenreich. Der Wiener Apfelstrudel wurde sogar so populär, dass er einer eigenen Apfelsorte, dem „Strudler", seinen Namen gegeben hat.

* Durch das Verreiben der mit Kristallzucker gemischten Zitronenschale wird das ätherische Öl aus der Schale gepresst, vom Zucker aufgenommen und verteilt sich als feines Zitronenaroma gleichmäßig in der Apfelfülle.

Altwiener Apfelstrudel

– Herstellung wie Apfelstrudel, jedoch vor dem Aufrollen 120 g Sauerrahm über die Äpfel verteilen.

Milchrahmstrudel mit Vanillesauce

Zutaten für 8 Portionen

1 Pfanne, ca. 20 x 25 cm

Strudelteig

Siehe Apfelstrudel, Seite 160

Fülle

100 g Butter
20 g Kristallzucker
20 g Vanillezucker
abgeriebene Schale einer halben, unbehandelten Zitrone
Prise Salz
3 Eidotter
340 g passierten, eher festen Topfen (10 %)
250 g Sauerrahm
40 g Mehl
30 g Rosinen
3 Eiklar
80 g Kristallzucker

Royale (Überguss)

¼ l Milch
2 Eier
30 g Kristallzucker
1 KL Vanillezucker
Prise Salz

ca. 100 g flüssige Butter zum Bestreichen

Zubereitung

– Den Strudelteig herstellen (siehe Apfelstrudel, Seite 160).

Fülle

1 Butter, Kristallzucker, Vanillezucker, Zitronenschale und Salz schaumig rühren, Eidotter nach und nach zugeben, Topfen beigeben und glatt rühren. Sauerrahm, Mehl und Rosinen einrühren. Eiklar mit Kristallzucker zu einem kompakten, aber noch geschmeidigen Schnee schlagen und die Topfenmasse einmelieren.

2 Den Strudelteig ausziehen (siehe Apfelstrudel, Seite 160).

3 Die Fülle zweimal in Pfannenlänge, etwa 20 cm breit mit einem Abstand von 6–8 cm auftragen, die freibleibende Teigfläche mit Butter bestreichen. Die Teigränder abschneiden und den Teig zum Strudel aufrollen. Den Strudel durch Abdrücken des Teiges in zwei Teile teilen und die Strudel mit dem Schluss nach unten in eine mit Butter bestrichene Pfanne legen. Mit Butter bestreichen und ohne Dunst bei 160 °C ca. 60–70 Minuten backen.

Vanillesauce

350 g Obers
350 g Milch
70 g Kristallzucker
1 KL Vanillezucker
Prise Salz
3 Eidotter
10 g Maisstärke oder Vanillecremepulver

Staubzucker mit 10 % Vanillezucker gemischt zum Anzuckern

Royale

4 Milch auf etwa 80 °C erhitzen. Eier mit Kristallzucker, Vanillezucker und Salz mischen und die heiße Milch einrühren. Nach 20 Minuten Backzeit Royale gleichmäßig über die Strudel verteilen. Fertig backen, dabei während des Backens zweimal und nach dem Ausbacken noch einmal dünn mit Butter bestreichen.

Vanillesauce

5 Vier Fünftel der Milchmenge und das Obers mit Kristallzucker, Vanillezucker und Salz aufkochen. Die restliche Milch mit Eidotter und Cremepulver mischen, zugeben und gut durchkochen. Kurz mixen. Den Milchrahmstrudel nach kurzem Überkühlen portionieren, anzuckern und mit Vanillesauce servieren.

Der Legende nach soll der Milchrahmstrudel (in Wien „Millirahmstrudel“) im „Roten Stadl“ zu Breitenfurt im 19. Jahrhundert von einer Köchin namens Milli erfunden worden sein. Tatsächlich wurde jedoch bereits 1696 in einem handschriftlich verfassten Wiener „Koch-Puech“ ein Rezept mit dem Titel „Mülch Raimb Strudl zu machen“ erwähnt.

Topfenstrudel

Zutaten für 8 Portionen

Strudelteig, selbstgezogen (siehe Apfelstrudel, Seite 160) oder Fertigteig
600 g Topfen, 20 %, passiert
150 g Butter, handwarm
150 g Kristallzucker
250 g Weißbrot, entrindet
100 g Rosinen, in etwas Rum geweicht
6 Eidotter
6 Eiklar
¼ l Milch
¼ l Sauerrahm
Prise Salz
1 EL Vanillezucker
Schale von ½ Zitrone
100 g Butter zum Bestreichen
Zucker zum Bestreuen

Beigabe:

Vanillesauce, s. S. 163

Zubereitung

1 Weißbrot in Milch einweichen, ausdrücken, passieren.

2 Butter, Zitronenschale und Vanillezucker schaumig rühren. Eidotter nach und nach einrühren, Sauerrahm, Topfen sowie Weißbrot untermengen.

3 Eiklar, Kristallzucker und Salz zu festem Schnee schlagen, unter den Abtrieb heben.

4 Strudelteig ausziehen (siehe Apfelstrudel, Seite 160), Ränder abschneiden, mit Butter bestreichen. Topfenmasse in einem Streifen auftragen, Rosinen darüberstreuen, straff einrollen, Enden gut verschließen.

5 In eine gebutterte flache Backwanne legen, mit Butter bestreichen und im vorgeheizten Backrohr bei 180 °C ca. 50–60 Minuten goldbraun backen. Mit Zucker bestreuen.

Gebackene Apfelspalten

Zutaten für 4 Portionen

Weinbackteig

200 g Mehl, glatt
¼ l Weißwein, trocken
2 Eidotter
2 Eiklar
40 g Butter, zerlassen
Prise Zucker
Prise Salz

3 Äpfel (Golden Delicious oder Boskop)
30 g Kristallzucker
1 gestrichener TL Zimt
1 EL Rum
Zitronensaft
Staubzucker zum Bestreuen
Öl zum Backen

Zubereitung

Weinbackteig

1 Mehl mit Weißwein glatt rühren, Eidotter und geschmolzene Butter einmengen. Eiklar mit Salz und Prise Zucker zu sämigem, aber nicht zu steifem Schnee schlagen, diesen vorsichtig unter den Teig heben.

2 Äpfel schälen, mit Ausstecher vom Kerngehäuse befreien, in ca. 1 cm dicke Scheiben schneiden. Mit Rum und Zitronensaft beträufeln, mit Zimt-Kristallzucker-Gemisch bestreuen, etwas marinieren lassen.

3 Reichlich Öl erhitzen. Apfelspalten durch den Backteig ziehen, schwimmend beidseitig goldbraun backen. Aus dem Fett heben, mit Küchenkrepp abtupfen.

4 Mit Staubzucker oder Zimtzucker bestreuen.

Äpfel im Schlafrock

Zutaten für 6 Portionen

6 Äpfel, nicht zu groß
80 g Vanillecreme
50 g Walnüsse, grob gehackt
Prise Zimt
1 EL Rum
400 g Butterteig oder fertiger Blätterteig

Butterteig

Vorteig

250 g Mehl, glatt
1 dl Wasser
1 kleines Ei
Prise Salz
½ EL Rum
50 g Butter

Butterziegel

200 g Butter, kalt
100 g Mehl, glatt
1 Ei zum Bestreichen
80 g Marillenmarmelade
80 g Fondant
20 g Mandeln, gehobelt, geröstet

Beigabe:

Vanillesauce, s. S. 163

Zubereitung

1 Äpfel schälen, Kerngehäuse ausstechen. Vanillecreme, Walnüsse, Zimt und Rum abrühren, die Masse in die Äpfel füllen.

2 Teig 30 × 40 cm groß ausrollen, daraus 6 Rechtecke schneiden. Äpfel auf die Teigstücke legen, Teigränder mit verschlagenem Ei bestreichen, Teigränder über den Apfel ziehen, fixieren.

3 Aus Restteig Rosetten ausstechen, mit Ei bestreichen und auf die Teigzusammenschlüsse legen. Backblech mit Trennpapier belegen, Äpfel rundum gut mit Ei bestreichen, auf das Blech setzen und noch 15 Minuten rasten lassen.

4 Im vorgeheizten Backrohr bei 210 °C ca. 20 Minuten backen. Nach dem Backen mit erhitzter Marillenmarmelade bestreichen. Fondant erwärmen, die Äpfel dünn glasieren, mit Mandeln bestreuen. Heiß auftragen.

Butterteig

1 Für den Vorteig Mehl, Wasser, Ei, Salz, Butter und Rum zu einem glatten Teig verarbeiten; Kugel formen, oben kreuzförmig einschneiden und zugedeckt 2 Stunden rasten lassen. Für den Butterziegel zerkleinerte kalte Butter homogen mit Mehl verarbeiten, flachen Ziegel formen und kalt stellen.

2 Vorteig vierlappig ausrollen (der Teig sollte in der Mitte etwas dicker sein). Butterziegel in die Mitte legen, die vier Teiglappen straff darüberspannen. Mittels Nudelholz den Butterziegel nach allen vier Richtungen jeweils von der Mitte zum Rand klopfen, überschüssiges Mehl abkehren. 1 Stunde in feuchtem Tuch eingeschlagen kühl rasten lassen.

Die vier Touren

3 Teigstück auf bemehlter Unterlage fingerdick ausrollen, Dreiteilung andeuten, Mehl abkehren. Von links zum rechten Drittel falten, abkehren, dann das rechte Drittel drüberschlagen und anpressen. Mit feuchtem Tuch bedeckt ½ Stunde im Kühlschrank rasten lassen.

4 Teig wieder fingerdick ausrollen, abkehren, Vierteilung andeuten. Die Vierteln rechts und links zur Mitte falten, abkehren, die linke Hälfte über die rechte legen, anpressen. Feucht eingeschlagen im Kühlschrank lagern.

5 Tour III ist eine Wiederholung von Tour I.

6 Tour IV eine Wiederholung von Tour II, dabei müssen die Rastzeiten eingehalten werden.

Scheiterhaufen

Zutaten für 6 Portionen

5 Semmeln oder 240 g Brioche (Kipferln)
ca. ⅛ l Milch
3 Eier
50 g Butter
30 g Rosinen
30 g Kristallzucker
1 EL Vanillezucker

Apfelfülle

½ kg Äpfel
40 g Kristallzucker
1 EL Rum
Zimt, gemahlen
40 g Mandelsplitter

Schneehaube

3 Eiklar
100 g Kristallzucker

Butter zum Ausstreichen

Zubereitung

1 Semmeln oder Briochegebäck in ca. 5 mm dicke Scheiben schneiden. Eier mit Milch verschlagen, Kristall- und Vanillezucker darin auflösen. Die Semmeln damit befeuchten, Rosinen beigeben, geschmolzene Butter einmengen.

2 Äpfel schälen, entkernen, sechsteln und in feine Scheiben schneiden. Apfelscheiben mit Zucker, Zimt, Rum und Mandeln vermengen.

3 Etwas Semmelmasse in eine gebutterte Auflaufform füllen, bodendeckend verteilen, eine Lage Äpfel einstreuen. Diesen Vorgang wiederholen, bis Semmelmasse und Äpfel verbraucht sind. Die letzte Lage soll Semmelmasse sein.

4 Im vorgeheizten Backrohr bei 180 °C 40 Minuten backen. Eiklar unter ständiger Zugabe von Kristallzucker zu sämigem, nicht zu steifem, aber dressierfähigem Schnee schlagen. Den Schnee über den Scheiterhaufen streichen, nochmals sehr heiß (bei 250 °C) im Backrohr 10 Minuten lang überbacken.

Der Scheiterhaufen zählt zu den zahlreichen süßen Wiener Auflaufspezialitäten. Zu dieser Gruppe zählt beispielsweise auch der Reisauflauf (s. S. 170).

Reisauflauf

Zutaten für 10 Portionen

¾ l Milch
240 g Rundkornreis
90 g Butter
100 g Kristallzucker
50 g Staubzucker
50 g Rosinen
8 Eidotter
8 Eiklar
Salz
2 EL Vanillezucker
Schale von 1 Zitrone, gerieben
Butter zum Ausstreichen der Form
Brösel zum Ausstreuen der Form
Staubzucker zum Bestreuen

Zubereitung

1 Reis heiß abschwemmen und abtropfen lassen. Milch mit Vanillezucker und Salz aufkochen, Reis beigeben, aufkochen lassen, zugedeckt bei 150 °C ca. 20 Minuten dünsten, kalt stellen.

2 Butter, Dotter, Staubzucker und Zitronenschale schaumig rühren. Eiklar mit Kristallzucker zu sämigem, aber nicht zu steifem Schnee schlagen. Butterabtrieb und Rosinen unter den kalten Reis mengen, Schnee unter die Masse ziehen.

3 Masse in die gefettete, mit Bröseln ausgestreute Auflaufform geben, glatt streichen. Im vorgeheizten Backrohr bei 180 °C ca. 40–45 Minuten hellbraun backen, mit Staubzucker bestreuen.

Garnierung: Himbeersaft, Frucht- oder Beerensauce, Kompott

Mostschober mit Mostschado

Zutaten für 8 Portionen

Mostschober

3 Eier
60 g Zucker
70 g Mehl
40 g gemahlene Haselnüsse, geröstet
40 g zerlassene Butter
Vanillezucker
1 Zitrone

Gewürzwein zum Tränken

¼ l Most
1 Zimtstange
3 Gewürznelken
100 g Zucker
10 g Zitronen- und Orangenschalen

Mostschado

2 Eidotter
1 EL Honig
1/16 l Most
1 Zimtstange
1 Nelke
Saft von einer Orange und einer halben Zitrone

Zubereitung

Gewürzwein

1 Alles zusammen aufkochen und abkühlen lassen.

Mostschober

2 Dotter und Zucker schaumig schlagen, die flüssige Butter beigeben. Eiweiß steif schlagen und mit der Mehl-Nuss-Mischung vorsichtig in die Dottermasse einrühren.
In mit Butter und Zucker befettete Förmchen geben, bei 180 °C 15 Minuten backen, mit dem Gewürzwein tränken.

Mostschado

3 Most mit Zimtstange, Orangen- und Zitronensaft, Nelke aufkochen, passieren und mit Dotter und Honig über Wasserdampf aufschlagen. Sofort servieren!

Der Mostschober ist eine Mostviertler Ableitung des berühmteren „Besoffenen Kapuziners", der auch als „Kapuzinerkoch" oder „B'soffene Liesl" bekannt ist. Es handelt es sich um ein zur Gruppe der Koche zählendes Gericht, das mit Gewürzwein getränkt und mit Schlagobers serviert wird. Wird der Wein durch Apfel-, Birnen- oder Mischmost ersetzt, so heißt das Gericht Mostschober. Dieser wird allerdings anstatt mit Schlagobers zumeist mit Mostschado serviert, das wiederum eine Ableitung des klassischen Weinchaudeaus (in alten Kochbüchern meist Schato oder Schado geschrieben) auf Mostbasis ist.

Topfenknödel

Zutaten für 18 Stück

200 g Topfen, 10 %
100 g Weißbrot, entrindet
60 g Butter, handwarm
130 g Sauerrahm
50 g Mehl, griffig
3 Eidotter
3 Eiklar
Prise Salz
½ TL Vanillezucker
Zitronenschale, gerieben
20 g Staubzucker

Butterbrösel

140 g Butter
120 g Semmelbrösel
Staubzucker zum Bestreuen

Zubereitung

1 Weißbrot in kleine Würfel schneiden. Butter und Staubzucker mit Zitronenschale schaumig rühren. Eidotter nach und nach beigeben. Topfen und Sauerrahm untermengen. Eiklar, Salz und Vanillezucker zu festem Schnee schlagen. Weißbrot sowie Mehl unter die Topfenmasse heben, Schnee vorsichtig unterziehen. 3 Stunden im Kühlschrank kalt stellen. Mit nassen Händen Knödel formen, in leicht gesalzenem Wasser ca. 10–12 Minuten zart wallend kochen.

2 Butter schmelzen, Brösel darin goldbraun rösten. Knödel aus dem Wasser heben, gut abtropfen lassen und in Butterbröseln wälzen. Anrichten, mit Staubzucker bestreuen.

Garnierung: Zwetschkenröster (s. S. 173)

Statt Zwetschkenröster wird zu Topfenknödeln, zumal in ländlicheren Gebieten, auch gerne Holler- oder Marillenröster serviert. Röster sind ein zwischen Kompott und Mus angesiedeltes Dunstobst, das durch die böhmischen Köchinnen nach Österreich gelangte.

Topfenknödel – Variante

Zutaten für 18–20 Stück

585 g Topfen, 10 %, trocken
133 g Semmelbrösel
oder Toastbrot, entrindet,
fein gerieben
5 Eier
100 g Butter, handwarm
40 g Staubzucker
1 TL Vanillezucker
Salz
Zitronenschale, gerieben

Butterbrösel

180 g Butter
150 g Semmelbrösel
Staubzucker zum Bestreuen

Zubereitung

1 Trockenen Topfen unpassiert mit allen Zutaten gut verrühren, bis eine glatte Masse entsteht, 2 Stunden kühl rasten lassen. Kleine Knödel (ca. 4 cm Durchmesser) formen. Reichlich leicht gesalzenes Wasser zum Kochen bringen, Knödel ca. 12 Minuten schwach wallend kochen, vorsichtig aus dem Wasser heben.

2 In einer Pfanne Butter schmelzen, Brösel leicht bräunen und Knödel darin vorsichtig wälzen. Anrichten, mit Zucker bestauben.

Garnierung: Zwetschkenröster

➣ Zwetschkenröster

Zutaten für 8 Portionen

1 kg Zwetschken
200 g Kristallzucker
2 cl Wasser
1 Zimtrinde
5 Gewürznelken
1 Zitrone, halbiert

Zubereitung

1 Zwetschken waschen, halbieren und entsteinen. Zimtrinde zerkleinern und mit den Nelken in ein kleines Leinentuch einbinden. Wasser, Zucker, Gewürzsäckchen und halbierte Zitrone aufkochen.

2 Die Zwetschken beigeben, unter wiederholtem Umrühren ca. 25 Minuten langsam kernig weichdünsten. Erkalten lassen, Zitrone und Gewürzsäckchen entfernen.

Germknödel

Zutaten für 15 Stück

Germteig

Dampfl

180 g Milch
25 g Germ
180 g Mehl

ca. 80 g Milch
1 Ei
30 g Kristallzucker
1 KL Vanillezucker
abgeriebene Schale einer halben, unbehandelten Zitrone
330 g Mehl
40 g feste formbare Butter
Prise Salz

ca. 250 g Powidl zum Füllen

Mohnmischung

150 g gemahlener Mohn
100 g Staubzucker
1 EL Vanillezucker

ca. 300 g flüssige Butter zum Nappieren

Staubzucker mit 10 % Vanillezucker gemischt zum Anzuckern.

Zubereitung

1 Für das Dampfl die Milch auf etwa 20 °C erwärmen, Germ zugeben und auflösen. Mehl zugeben und gut abarbeiten. Auf das doppelte Volumen aufgehen lassen.

2 Milch, Eier, Kristallzucker, Vanillezucker und Zitronenschale verrühren. Mit dem Dampfl und Mehl mischen. Nach halber Mischzeit Butter und Salz zugeben, fertig mischen, etwa 10 Minuten aufgehen lassen.

3 Teig ausrollen (56 × 16 cm) und in Quadrate (8 × 8 cm) schneiden. Ränder befeuchten, Powidl in die Mitte dressieren, Knödel formen und auf ein bemehltes Brett setzen. Mit einem Tuch bedecken und an warmem Ort (bis ca. 30 °C) gehen lassen.

4 In leicht gesalzenes, kochendes Wasser einlegen, kurz aufkochen lassen und bei fast geschlossenem Deckel nahe dem Siedepunkt ziehen lassen. Nach etwa 10 Minuten umdrehen und weitere 4–5 Minuten fertig kochen.

5 Knödel herausnehmen und mit einer dicken Nadel oder einem Zahnstocher sofort einige Male anstechen, um das Zusammenfallen der Knödel in Grenzen zu halten.

6 Anrichten, mit Butter nappieren, mit reichlich Mohnmischung bestreuen und leicht anzuckern.

Powidltascherl mit Butterbröseln

Zutaten für 6–8 Portionen

Teig

500 g mehlige, gekochte, passierte Erdäpfel
50 g Butter
180 g Mehl
50 g Weizengrieß
2 Eidotter
Salz

Fülle

200 g Powidl
20 g Zucker
etwas Rum
Schale von 1 Zitrone, gerieben
Prise Zimt
1 verquirltes Ei zum Bestreichen

Butterbrösel

140 g Butter
120 g Brösel

zerlassene Butter zum Begießen

Zubereitung

1 Passierte Erdäpfel mit allen übrigen Zutaten mischen, dann den entstandenen Teig rasten lassen.

2 Erdäpfelteig 5 mm dick ausrollen, rund ausstechen, in der Mitte Powidl (abgeschmeckt mit Rum, Zitronenschale, Zimt und Zucker) platzieren. Teigrand mit Ei bestreichen und zusammenklappen.
In leicht gesalzenes siedendes Wasser einlegen. Sobald die Tascherl obenauf schwimmen (ca. 6 Minuten), mit Drahtlöffel herausnehmen. Kurz in kaltem Wasser abschrecken. Übertrocknet in gerösteten Butterbröseln schwenken.

3 Tascherl auf einem warmen Teller anrichten, mit zerlassener Butter umrunden und mit Staubzucker bestreuen.

Die Germknödel (s. S. 174) wurden früher wegen ihrer Beliebtheit als Fastenessen auch Klosterknödel genannt. Wie viele warme Wiener Mehlspeisen haben sie ihren Ursprung in der böhmischen Küche. Werden Germknödel beim Anrichten abwechselnd mit Mohn und Bröseltopfen bestreut, die zuvor mit Staubzucker vermengt wurden, so heißen sie von daher auch „Böhmische Germknödel".

Mohnnudeln

Zutaten für 4 Portionen

500 g Erdäpfel
250 g Mehl
1 Ei
80 g Butter
150 g gemahlener Mohn
Salz, Zucker, Kirschwasser
Staubzucker, etwas Zimt

Zubereitung

1. Erdäpfel kochen, schälen, mit einer Gabel zerdrücken und in einer Schüssel mit Mehl, Ei und wenig Salz vermischen.
2. Daraus einen lockeren Erdäpfelteig zubereiten und zu fingerdicken, gleich großen Nudeln formen.
3. Salzwasser zum Kochen bringen und die Nudeln darin leicht wallend ziehen lassen, bis sie aufsteigen.
4. Inzwischen die Butter auf kleiner Hitze in einer Pfanne zerlassen, Mohn und Zucker hinzufügen und mit einem Schuss Kirschwasser ablöschen.
5. Nudeln gründlich abtropfen lassen, in der Mohn-Zucker-Masse wälzen, mit Zimt bestreuen und heiß servieren.

Riebel

Zutaten für 4–6 Portionen

½ l Wasser
½ l Milch
Prise Salz
175 g Weizengrieß
175 g heller Maisgrieß
60 g Butterschmalz
30 g Butter

Zubereitung

1 Das Wasser mit Milch und Salz aufkochen, Weizen- und Maisgrieß unter ständigem Rühren einrieseln lassen.
2 Den gekochten Grieß eine Stunde rasten lassen. Danach im heißen Butterschmalz rösten, dabei zerkleinern und oft wenden!
3 Zuletzt gibt man die Butter dazu. Der Riebel ist fertig, wenn er goldgelb und bröslig ist. Nach Belieben mit Zucker bestreuen.
4 Apfelmus, Apfel-, Heidelbeer- oder Hollerkompott, aber auch Siaßlarschnitz werden dazu gereicht.

Riebel ist ein Vorarlberger Nationalgericht, das zum Frühstück, aber auch mittags und abends gegessen wird. Mit Milch oder Kaffee übergossen, wird er zum „Stopfer". Früher wurde der Riebel oft schon am Vortag gekocht und am nächsten Tag erst geröstet.

Liwanzen (Dalken)

Zutaten für 4 Portionen

Teig

250 ml Milch
400 g Mehl
20 g Germ
2 EL Butter
2 Eier
1 EL Zucker
etwas abgeriebene Zitronenschale
Salz

Fülle

250 g Powidl
2 cl Slibowitz
250 g Topfen, 20%
2 Eidotter
1 Schuss Zitronensaft
1 EL Zucker

Butter oder Öl zum Ausbacken
Staub- oder Zimtzucker zum Bestreuen

Zubereitung

1 Zunächst ein Dampfl aus wenig Milch, etwas Mehl und Germ zubereiten und zugedeckt an einem warmen Ort eine halbe Stunde gehen lassen.

2 Das Dampfl mit den übrigen Zutaten zu einem elastischen Germteig verarbeiten und diesen abermals an einem warmen Ort auf das Doppelte seines Volumens aufgehen lassen.

3 Aus dem Teig Liwanzen (runde Taler) von ca. 8 cm Durchmesser auswalken, diese in einer gut befetteten Liwanzenpfanne mit entsprechenden Vertiefungen oder in einer geeigneten kleinen Palatschinkenpfanne goldbraun ausbacken.

4 Ein Viertel der Liwanzen mit Powidl, der mit etwas Slibowitz angerührt wurde, bestreichen.
Für das andere Viertel eine Creme aus passiertem Topfen, Eidotter, Zitronensaft und Zucker zubereiten.
Jeweils eine bestrichene und eine unbestrichene Liwanze zusammensetzen und mit Staub- oder Zimtzucker bestreuen.

Ob Kaiser-, Grieß- oder Topfenschmarren – alle werden nach dem Backen in der Pfanne mit Gabeln oder Schaufeln in unregelmäßige Stücke zerrissen. Dem Schmarrenteig können alle möglichen Arten von Früchten beigemengt werden oder man reicht als Beilage Kompotte, Apfelmus oder Zwetschkenröster. Auf diese Weise entstehen die vielfältigsten Abwandlungen.
Die meisten Schmarrenteige kann man vorbereiten. Dazu werden die Zutaten für durch Schnee gelockerte Teige bis auf das Eiweiß und den Zucker glatt gerührt. Bei Bedarf wird dieser Vorteig dann mit der entsprechenden Schneemenge meliert und gebacken.
Das Grießkoch für einen Grießschmarren kann schon Stunden vor der Verwendung abgekocht sein, das Gebäck für Kipferl- oder Semmelschmarren soll die flüssigen Zutaten gleichmäßig und langsam aufnehmen, der halbfertige, ungebackene Schmarren kann daher schon Stunden vor der Verwendung vorbereitet werden.
Größere Mengen Schmarrenteig werden vorwiegend im Backrohr in einer viereckigen Pfanne oder auf einem Randblech gebacken, Einzelportionen eventuell in einer Pfanne auf dem Herd angebacken und im Backrohr fertig gegart.

Kaiserschmarren

Zutaten für 1–2 Portionen

120 g Milch
2 Eidotter
1 KL Vanillezucker
Prise Salz
60 g Mehl
2 Eiklar
15 g Kristallzucker
1 EL Rosinen

30 g Butter zum Backen
15 g Kristallzucker mit etwas Zimt gemischt zum Karamellisieren

Staubzucker mit
10 % Vanillezucker gemischt zum Anzuckern

100 g Zwetschkenröster, Apfelmus oder beliebiges Kompott

Zubereitung

1 Zwei Drittel der Milchmenge mit Eidotter, Vanillezucker und Salz mischen. Mehl zugeben und glatt rühren, die restliche Milch einrühren.
2 Eiklar mit Kristallzucker zu einem kompakten, aber noch geschmeidigen Schnee schlagen und den Teig einmelieren.
3 Die Butter in einer Pfanne heiß werden lassen, den Schmarrenteig gleichmäßig darin verteilen und die Rosinen darüberstreuen.
4 Auf dem Herd bei mäßiger Hitze anbacken, vierteln, wenden und fertig backen oder im Backrohr 15 Minuten backen, in Stücke teilen, wenden und 5–10 Minuten fertig backen.
5 In unregelmäßige Stücke zerreißen, mit Zimtzucker bestreuen und auf dem Herd durch Schwenken oder im Backrohr bei 220 °C kurz karamellisieren lassen. Anrichten, anzuckern und mit gewählter Beilage servieren.

Dukatenbuchteln

Zutaten für 6 Portionen à 4–5 Stück
1 Pfanne (Backform)
ca. 20 × 18 cm

Germteig
Siehe Faschingskrapfenteig (Seite 212)

Flüssige Butter zum Eintauchen und Bestreichen

Staubzucker mit 10 % Vanillezucker gemischt zum Anzuckern

Vanillesauce
Siehe Milchrahmstrudel (S. 163), halbe Rezeptmenge

Zubereitung

1 Germteig ca. 15 mm dick ausrollen. Teilchen von 30 mm Durchmesser ausstechen, in Butter tauchen, in eine mit Butter bestrichene Form, locker einander berührend, schlichten und mit Butter bestreichen.
2 Bei ca. 30 °C auf annähernd das doppelte Volumen aufgehen lassen.
3 Bei 200 °C ca. 30 Minuten backen, nochmals mit Butter bestreichen und kurz überkühlen lassen. Anzuckern, portionieren und mit Vanillesauce servieren.

Schlosserbuben

Zutaten für 4 Portionen

24 Dörrzwetschken (Pflaumen), groß, ohne Stein
180 g Marzipan
80 g Schokolade, gerieben
40 g Staubzucker
Zucker zum Bestreuen
Rum

Backteig (siehe Holunderblüten im Weinteig gebacken, Seite 191)
Öl zum Backen

Vanillesauce
(s. S. 163)

Zubereitung

1. Zwetschken einige Stunden in etwas Rum marinieren.
2. Zwetschken öffnen, an Stelle des Kerns eine Kugel Marzipan einfüllen.
3. Reichlich Öl erhitzen, Zwetschken durch Backteig ziehen und schwimmend goldbraun und knusprig backen. Aus dem Öl heben, vorsichtig mit Küchenkrepp abtupfen.
4. Schokolade mit Staubzucker vermischen, Schlosserbuben darin wälzen, anrichten, mit Zucker bestreuen.

Garnierung: Vanillesauce

Wiener Wäschermädeln

Zutaten für 4 Portionen

12 Marillen, vollreif
180 g Marzipan
Marillenbrand
50 g Mandelspäne, gehobelt, geröstet

Backteig (siehe Holunderblüten im Weinteig gebacken, Seite 191)
Öl zum Backen

Staubzucker zum Bestreuen

Vanillesauce
(s. S. 163)

Zubereitung

1 Marillen gut waschen, gut abtrocknen, mit kleinem Kochlöffel den Kern herausstoßen.
2 Marzipan mit Marillenbrand verkneten und jeweils ein Stückchen in die Marillen füllen.
3 Marillen durch den Backteig ziehen, in reichlich erhitztem Öl goldbraun backen. Aus dem Fett heben, auf Küchenkrepp legen, abtupfen.
4 Vanillesauce in Teller eingießen, mit Mandeln bestreuen, Wäschermädeln darauf setzen und mit Zucker bestreuen.

Salzburger Nockerln

Zutaten für 2–3 Portionen

6 Eiklar
3 Eidotter
80 g Kristallzucker
Prise Vanillezucker
Prise Salz
20 g Mehl, glatt

30 g Butter für die Auflaufform
3 cl flüssiges Obers

Zubereitung

1 Eine üblicherweise ovale feuerfeste Auflaufform mit der Butter ausstreichen, das flüssige Obers eingießen und am Ofen erhitzen. Die Form sollte heiß sein! Das Backrohr auf 190 °C aufheizen.

2 Eiklar mit Salz und Zucker steif schlagen (nicht überschlagen!). Eidotter und Vanillezucker vorsichtig und rasch darunterheben, das Mehl über die Eischaummasse streuen und mit einem Schneebesen in kurzen Zügen zu einer cremigen, luftigen Masse vermengen.

3 Mit einer Teigkarte drei spitze Nockerl (den Salzburger Stadtbergen entsprechend) in die vorgewärmte Auflaufform setzen und bei 220 °C goldbraun backen (ca. 9 Minuten).

4 Die gebackenen Nockerl mit Staubzucker bestreuen und rasch zu Tisch bringen.

Heidelbeerdatschi

Zutaten für 4–5 Portionen

½ l Heidelbeeren
ca. 300 g Mehl, griffig
Prise Salz
1 EL Zucker
ca. ⅜ l heiße Milch
¼ kg Butterschmalz
zum Ausbacken

Zubereitung

1. Heidelbeeren leicht salzen, mit Mehl und Zucker vermischen, mit heißer Milch übergießen und zu einer Nockerlteig-ähnlichen Masse vermengen.
2. Butterschmalz in tiefer Pfanne erhitzen. Mit einem Suppenlöffel aus der Heidelbeermasse Nockerl ausstechen, ins heiße Schmalz einlegen, leicht flach drücken und beiderseits goldbraun backen.
3. Ein wenig anzuckern und mit leicht gesüßtem Sauerrahm servieren.

Im Salzkammergut wird diese deftige, himmlisch schmeckende Sorte von Heidelbeerdatschi auch Zeckbeernocken genannt, die es bei so mancher Sennerin in geselliger Runde gibt und die zu einer wahrhaft anhaltenden Erinnerung an einen schönen Sommerabend auf der Alm werden.

Kiachl mit Dörrzwetschkenkompott

Zutaten für 8 Personen

1 kg Mehl, glatt
Prise Salz
1 Würfel Germ (44 g)
4 Eier
40 g handwarme Butter
½ l lauwarme Milch
3 cl Rum
1 TL Anis
Sonnenblumenöl
zum Ausbacken

Dörrzwetschkenkompott

400 g Dörrzwetschken
1 l Wasser
100 g Zucker

Zubereitung

Kiachl

1 Germ in etwas lauwarmer Milch auflösen.
2 Mehl mit Salz vermengen, restliche lauwarme Milch, aufgelöste Germ, Eier, zerlassene Butter, Rum und Anis dazugeben und zu einem geschmeidigen Teig abschlagen. Teig eine ¾ Stunde rasten lassen und dann wieder abschlagen.
3 Mit einem Löffel Teigstücke abstechen, Kugeln formen, zudecken und nochmals 20 Minuten rasten lassen.
4 Jeden Kiachl so auseinanderziehen, dass der Teig in der Mitte sehr dünn wird und am Rand dick bleibt.
5 Mit der oberen Seite nach unten in das heiße Öl einlegen und mit Öl begießen, umdrehen und fertig backen.

Dörrzwetschkenkompott

6 Dörrzwetschken mit Wasser und Zucker aufkochen und erkalten lassen.

Hollerblüten (Holunder) im Weinteig gebacken

Zutaten für 4 Portionen

12–16 Holunderblüten mit Stielansatz

Backteig

250 g Mehl, glatt
2 Eier
ca. ¼ l Wein oder Milch
Salz
etwas geriebene Zitronenschale
Öl
Staubzucker zum Bestreuen

Zubereitung

1 Eier in Dotter und Klar trennen. Dotter, Mehl, Prise Salz und Wein oder Milch zu einem festen Backteig rühren.
2 Eiklar zu halbfestem Schnee schlagen und unterheben. Teig rasten lassen.
3 Blüten waschen und durch den Teig ziehen. In heißem Öl kurz herausbacken und mit Staubzucker bestreut servieren.
4 Als Beilage eignen sich Kompott oder Preiselbeeren. Anstelle von Holunderblüten können auch Akazien- oder Kürbisblüten verwendet werden.

Polsterzipf

Zutaten für 4 Personen

400 g Mehl, glatt
40 g Butter
3/16 l Milch
1 EL Zucker
1 EL Obstler
2 Dotter
Salz
Öl zum Backen

Polsterzipf aus Topfenteig

200 g Topfen
200 g Butter
200 g Mehl

Zubereitung

1 Zerlassene Butter mit lauwarmer Milch und den anderen Zutaten zu einem Teig verarbeiten, schön glatt kneten. 45 Minuten rasten lassen.
2 Teig messerrückendick ausrollen und in verschobene Vierecke radeln. Diese in heißem Fett oder Öl herausbacken.
3 Abtropfen lassen, mit Staubzucker bestreuen und servieren.
4 Dazu passen Apfelmus, Kompott, Schwarzbeer- oder Hollermandl, aber auch Salat oder Sauerkraut.

Die Wiener Variante

– Teigflecken 3–4 cm groß ausradeln, in die Mitte Ribisel- oder Marillenmarmelade füllen, Teigränder mit Ei bestreichen und darüberklappen. Im heißen Fett backen.

Polsterzipf aus Topfenteig

– Zutaten verkneten. Polsterzipfe aus diesem Teig werden im Backrohr gebacken, bei 190 °C ca. 15–20 Minuten.

Balassn

Zutaten für 4 Personen

Teig

125 g Butter
4 Dotter
⅛ l lauwarme Milch
1/16 l Rum
500 g Mehl, glatt
Prise Salz

Butterschmalz zum Ausbacken

Fülle

500 g geschälte, entkernte, gerissene Äpfel
1 Schuss Zitronensaft
Zimt
Zucker nach Belieben

Zubereitung

1 Äpfel mit Zucker, Zimt und Zitronensaft vermengen, abdecken und kühlstellen.

2 Aus Butter, Dotter, Milch, Rum, Mehl und Salz einen festen Teig zubereiten, diesen ca. 30 Minuten rasten lassen.

3 Danach den Teig ca. 2 mm dick ausrollen und rund (Durchmesser ca. 10 cm) ausstechen. Apfelfülle daraufsetzen und ein zweites Teigblatt darüberlegen, mit den Fingern den Rand gut andrücken und im heißen Butterschmalz ausbacken. Mit Zimtzucker bestreut servieren.

Balassn können auch mit Birnen, Kletzen, Kraut, Rüben und anderen Füllungen gemacht werden.

Marillenknödel

Zutaten für 4 Personen

Erdäpfelteig, 18 Stück

500 g Erdäpfel, mehlig, roh, geschält
120 g Mehl, griffig
40 g Butter
2 Eidotter
Prise Salz

Topfenteig, 18 Stück

400 g Topfen (10 %)
150 g Mehl, glatt
60 g Butter, handwarm
1 Ei
1 Eidotter
Schale von ½ Zitrone, gerieben
Prise Salz

Brandteig, 12 Stück

3 dl Milch
30 g Butter
160 g Mehl, griffig
1 Ei
Prise Salz

Füllung

18 (bzw. 12) Marillen
18 (bzw. 12) Stück Würfelzucker

150 g Butter
130 g Semmelbrösel
Staubzucker zum Bestreuen

Zubereitung

1 Gewünschte Teighülle zubereiten:

Erdäpfelteig

– Erdäpfel in kleine, gleichmäßige Stücke teilen. In Salzwasser kernig weich kochen, abseihen, auf dem Backblech im heißen Backrohr ca. 15 Minuten ausdampfen lassen. Heiße Erdäpfel durch ein Passiersieb streichen, erkalten lassen. Mit den restlichen Zutaten vermengen und zu einem glatten Teig verkneten.

Topfenteig

– Butter mit Salz und Zitronenschale schaumig rühren. Ei und Eidotter untermengen. Mehl sowie Topfen beifügen und zu einem glatten Teig kneten. 3–4 Stunden im Kühlschrank rasten lassen.

Brandteig

– Milch mit Butter und Salz zum Kochen bringen. Mit dem Kochlöffel Mehl einrühren und Teig so langen rühren, bis er sich von Geschirr und Löffel löst. Teig kurz abkühlen lassen. Ei einrühren.

2 Marillen waschen, abtrocknen. Kern mit Kochlöffelstiel herausdrücken. Würfelzucker anstelle des Kerns in die Frucht füllen. Aus Teig eine ca. 5 cm dicke Rolle formen, in Scheiben schneiden. Teig flachdrücken, Marillen darin einhüllen. Knödel in siedendes Wasser einlegen, zart wallend kochen, leicht anstoßen, damit sich die Knödel wenden.
3 Butter schmelzen, Brösel einrühren, goldbraun rösten. Knödel aus dem Wasser heben, abtropfen lassen, in Butterbrösel wälzen, mit Staubzucker bestreuen.

Garzeit: je nach Größe 12–15 Minuten

Strauben

Zutaten für 4 Portionen

Steirische Strauben

300 g Mehl, glatt
3 Eier
3/8 l Milch (Backteig) oder
Wein (Weinbackteig)
Salz
Öl oder Schmalz zum Backen
Staubzucker zum Bestreuen

Zutaten für 20 Portionen

Germstrauben

1 kg Mehl, glatt
1 Würfel Germ (44 g)
1/2 l lauwarme Milch
80 g Zucker
125 g Butter
1 TL Salz
4 Dotter
2 EL Schnaps oder Wein
geriebene Zitronenschale
Öl oder Schmalz zum Backen
Staubzucker zum Bestreuen

Zubereitung

Steirische Strauben

1 Zutaten zu einem etwas festeren Backteig verrühren und ca. 1/4 Stunde stehen bzw. quellen lassen. Mit einem Spritzsack (Lochtülle) oder Trichter den Backteig kreisförmig in heißes Fett oder Schmalz einlaufen lassen.
2 Die Größe der Strauben wird nach eigenem Willen festgelegt. Auf Küchenkrepp abtropfen lassen und mit Staubzucker bestreut servieren.

Germstrauben

1 Germ zerbröseln und mit etwas Zucker, lauwarmer Milch und ein wenig Mehl verrühren. Mit etwas Mehl bestauben und kurz stehen lassen, bis auf der Mehloberfläche Risse entstehen (Dampfl).
2 Das Dampfl und alle restlichen Zutaten zu einem festeren Germteig verarbeiten bzw. kneten, aufgehen lassen.
3 Auf bemehlter Arbeitsfläche ca. 1 cm dick ausrollen. Mit einem Teigrädchen längliche Vierecke schneiden, in diese Vierecke 2 längliche Einschnitte machen, so dass insgesamt 3 fingerdicke längliche Stränge sichtbar sind, die am Anfang und am Ende nicht durchgeschnitten sind. Ca. 1/4 Stunde stehen bzw. aufgehen lassen und in heißem Öl oder Schmalz backen.

Kalte Desserts, Torten und Kuchen

Esterházyschnitten ▹ S. 207

Reis Trauttmansdorff

Zutaten für 4 Portionen

70 g Rundkornreis
¼ l Schlagobers
¼ l Milch
2 EL Zucker
4 Gelatineblätter
200–300 g Früchte nach Belieben (Birnen, Beeren, Weintrauben etc.)
Prise Vanillezucker
½ TL Zitronenschale, gerieben
Prise Salz
Maraschino oder Cognac zum Marinieren

Zubereitung

1 Den gewaschenen Reis in etwa 1 l Wasser 6–7 Minuten kochen, danach abseihen und mit kalter Milch abermals aufkochen lassen, mit Vanillezucker sowie einer Prise Salz aromatisieren und den Reis (am besten im Backrohr bei ca. 140 °C) weich dünsten.

2 Inzwischen die klein geschnittenen Früchte in Alkohol marinieren.

3 Die Gelatineblätter werden in Wasser eingeweicht, ausgedrückt und gemeinsam mit dem Zucker in den noch heißen Reis eingerührt.

4 Während die Masse erkaltet, das Schlagobers steif schlagen und, kurz bevor der Reis zu stocken beginnt, gemeinsam mit den marinierten Früchten unterheben. Den Reis in kleine, mit kaltem Wasser ausgespülte Auflaufförmchen füllen und für vier Stunden kalt stellen. Vor dem Servieren werden die Förmchen gestürzt und nach Belieben garniert.

Garnierung: Himbeersaft, Frucht- oder Beerensauce, Kompott

Dieser kalte Auflauf wurde nach Ferdinand Graf Trauttmansdorff (1825–1896), Oberkämmerer und Erster Präsident des Herrenhauses, benannt.
Kein Reisauflauf, aber eine nicht minder beliebte Köstlichkeit der kalten Wiener Mehlspeisküche ist der Kastanienreis (s. S. 199).

Kastanienreis mit Schlag

Zutaten für 6 Portionen

800 g Edelkastanien (Maroni)
130 g Staubzucker
1 EL Rum
2 EL Vanillezucker
¼ l Schlagobers

Staubzucker zum Bestreuen
eventuell 6 Kirschen, kandiert, zur Garnierung

Zubereitung

1. Kastanien an der gewölbten Seite zart anschneiden, mit Wasser bedeckt ca. 45 Minuten kochen. Abseihen, mit kaltem Wasser abschrecken, schälen.
2. Kastanien passieren oder fein faschieren, mit Staub- und Vanillezucker sowie Rum zu einer Masse verkneten. Obers nicht zu steif, aber dressierfähig schlagen, erhaben auf Teller oder in kleine Schüsseln mittels Spritzsack aufdressieren.
3. Kastanienmasse mittels Kastanienpresse oder durch einen Krenreißer auf das Schlagobers pressen.
4. Mit Staubzucker bestreuen und eventuell mit kandierter Kirsche garnieren.

Altwiener Kleinbäckerei oder Teegebäck

Ihr Ursprung liegt im Brauch heidnischen Kultgebäcks, das zu besonderen Anlässen in Form verschiedenartigster Gebildbrote oder Brote mit Nüssen, Trockenfrüchten u.s.w. hergestellt wurde. Diese Tradition hat sich in abgewandelter Form bis heute erhalten und wird in unseren Breiten mit der Herstellung von Festtagsgebäck, zum Beispiel zu Hochzeiten (Hochzeitstorte), Taufen (Tauftorte), Geburtstag (Geburtstagstorte) gepflegt. Zu Krampus und Nikolo haben vor allem verschiedenst dekorierte Lebkuchen, Kletzenbrot und Früchtebrot Saison.

Zu Weihnachten kommt neben Christstollen und Lebkuchen die unerschöpfliche Auswahl an Kleingebäck (Teegebäck) zum Tragen, in der Zeit danach die Faschingskrapfen (oder deren Urform, die Bauernkrapfen, bei denen die Marmelade obenauf liegt). Zu Ostern ist es Brauch, eine Potize, einen Reindling (diese gelten auch als Hochzeitsgebäck) oder zumindest eine Osterpinze im Hause zu haben. Zu Allerheiligen werden die größten Striezel gebacken.

Vermutlich gibt es weltweit nirgendwo diese Auswahl an Kleingebäck, wie sie bei uns angeboten wird. Hier wiederum wird diese Tradition im ländlichen Bereich Niederösterreichs und vor allem des Burgenlandes von den sogenannten Hochzeitsköchinnen besonders gepflegt. Die geschicktesten Hausfrauen des Ortes machen die Hochzeitstorte und backen in riesiger Auswahl und großen Mengen – in einer für den Zuckerbäcker erstaunlichen optischen und kulinarischen Qualität – für alle Hochzeitsgäste, meist der ganze Ort, herrliches Teegebäck und verschiedene Kuchen.

Vor allem Mürbteiggebäck aus gerührten oder gekneteten Teigen, wie Husarenkrapferl, Sandscheiben, Spitzbuben, Linzer Augen oder die mit Schokoladencreme gefüllten und mit Schokolade glasierten Ischler Krapferl und die dressierten Linzer gehören hierher. Dazu kommen die Biskuitkrapferl, Windbusserl, Kokosbusserl, Rothschildbiskotten, Katzenzungen, Florentiner, Hobelspäne u.s.w. Ergänzt wird die große Auswahl durch verschiedene, auch gefüllte, Nuss-, Haselnuss- oder Mandelmakronen, durch Lebkuchen mit Früchten und Nüssen, mit Zucker- oder Schokoladeglasur.

Vanillekipferl aber kennt jeder, und vor allem um die Weihnachtszeit sind sie kaum aus dem Wunschdenken selbst der Gesundheitsbewusstesten zu verdrängen.

Vanillekipferl

Zutaten

15 g Vanillezucker
Prise Salz
1 Ei
280 g Butter
100 g Staubzucker
350 g Mehl
200 g geriebene Walnüsse (oder Mandeln oder Haselnüsse)

Staubzucker mit 10 % Vanillezucker zum Anzuckern

Zubereitung

1 Vanillezucker und Salz in Ei auflösen und mit Butter und Staubzucker mischen. Mehl und Nüsse zugeben, fertig mischen und im Kühlschrank anziehen lassen.
2 Zu Stangen rollen, Teilchen schneiden, Kipferln formen und auf mit Backtrennpapier belegte Bleche wegsetzen.
3 Bei 180 °C nach Sicht hell backen und mit Vanillestaubzucker dicht besieben.
4 Auskühlen lassen und nochmals anzuckern.

Sachertorte

Zutaten für 1 Torte, Durchmesser 23 cm, Höhe 5 cm

Sachermasse

120 g Butter
120 g flüssige Kuvertüre
60 g Staubzucker
6 Eidotter
6 Eiklar
140 g Kristallzucker
120 g Mehl, glatt

ca. 200 g Marillenkonfitüre zum Füllen und Einstreichen

Sacherglasur

s. S. 204

Zubereitung

– (Möglichst am Vortag herstellen und nach dem Auskühlen im Kühlschrank aufbewahren).

1 Butter, Kuvertüre und Staubzucker schaumig rühren. Eidotter nach und nach zugeben. Eiklar mit Kristallzucker zu Schnee schlagen. Beide Massen mischen und das Mehl einmelieren. In den Tortenring füllen und bei 180 °C ca. 60 Minuten backen. 10 Minuten vor Ende der Backzeit die Temperatur auf 200 °C erhöhen.

2 Die obere Kante des Tortenbodens leicht abrunden. Boden einmal durchschneiden und mit Marillenkonfitüre füllen. Einen Tortenkarton unterlegen, Torte mit kochend heißer Marillenkonfitüre einstreichen. Auf Glasiergitter stellen und eine steife Unterlage (z.B. ein Brett) zum Wegsetzen der glasierten Torte vorbereiten.

Geschmack und Konsistenz ist auch in der Süßspeisenküche temperaturabhängig. Eine aus dem Kühlschrank servierte Sachertorte kann keine lockere Kuchenstruktur haben, die Glasur wird zu fest sein und ihren Glanz verloren haben. Schokolade und Butter können keine Duftaromen entwickeln.

Eine Sachertorte sollte, und dies gilt auch für alle anderen nicht buttercremegefüllten Torten oder Oberscremetorten, alle kuchenartigen Gebäcke, Plundergebäck, Faschingskrapfen etc., auf eine Raumtemperatur von 22–24 °C temperiert sein. Für manche Mehlspeisen bedeutet leichtes Anwärmen sogar eine starke Qualitätsverbesserung.

Die Sachertorte wird im Original in einer Bodenform gebacken und hat dadurch die für sie typische leicht abgerundete Oberkante. Bei Verwendung von Tortenreifen sollte die obere Kante leicht abgerundet werden. Die Sachertorte sollte immer mit leicht gesüßtem (1 % Zucker) geschlagenem Obers angeboten werden. Die einfache, aber aus besten Zutaten hergestellte buttergerührte Schokolademasse mit feinster Konfitüre gefüllt und der richtigen Glasur wird erst mit geschlagenem Obers zu einer perfekten Komposition, zur „Sacher mit Schlag".

➢ Sacherglasur (Schokoladenkonservglasur)

Zutaten für 1 Torte, Durchmesser 23 cm, Höhe 5 cm

300 g Kristallzucker
120 g Wasser
250 g flüssige Kuvertüre

Zubereitung

1 Kristallzucker mit Wasser aufkochen. Kuvertüre zugeben, durchrühren und bis 110 °C kochen. In ein möglichst kleines Gefäß durchseihen.

2 Tabliert wird am besten auf einer Steinplatte: Etwa ein Fünftel der Glasur ausgießen und mit der Palette fest bearbeiten. Gleichzeitig (mit der zweiten Hand) mit einem Kochlöffel die Glasur langsam rühren, damit sich keine Haut bilden kann.

3 Die tablierte Glasur wieder in das Gefäß zurückgeben und durchrühren. Diesen Vorgang wiederholen, bis die Glasur die richtige Konsistenz erreicht hat.

4 Die Torte rasch und mit wenigen Strichen überziehen. Da die Glasur sehr schnell anzieht, bleibt kaum Zeit zum Korrigieren. Deshalb sollte man von vornherein genügend Glasur aufgießen.

5 Die glasierte Torte sofort auf die vorbereitete Unterlage setzen und die Glasur erstarren lassen.

6 Eventuell abgelaufenen Überzug mit einem kleinem Messer wegschneiden und die Torte auf eine saubere Unterlage wegsetzen.

Linzertorte

Zutaten für 1 Torte, Durchmesser 23 cm, Höhe 4 cm

250 g Butter
120 g Staubzucker
60 g faschierte Arancini
10 g Vanillezucker
abgeriebene Schale einer halben, unbehandelten Zitrone
Prise Nelkenpulver
Prise Salz
3 Eier
40 g geröstete, fein geriebene Haselnüsse
120 g fein geriebene Haselnüsse
240 g fein geriebene Kuchenbrösel*
80 g Mehl

180 g Ribiselkonfitüre

gehobelte Mandeln zum Bestreuen

Staubzucker mit 10 % Vanillezucker gemischt zum Anzuckern

Die Linzermasse kann auf Randblechen oder in Kapselrahmen gebacken auch für Linzerschnitten verwendet werden.

Zubereitung

1 Tortenring mit Backpapier bespannen.
2 Butter mit Staubzucker, Arancini, Vanillezucker, Zitronenschale, Zimt, Nelken und Salz schaumig rühren. Eier nach und nach zugeben.
3 Haselnüsse mit Kuchenbröseln und Mehl mischen und einmelieren.
4 Zwei Drittel der Masse spiralförmig in den Tortenring dressieren. Ribiselkonfitüre spiralförmig aufdressieren, dabei 2 cm zum Rand freilassen.
5 Aus der restlichen Masse mit einer Sterntülle Gitter und Rand dressieren. Tortenmitte locker mit gehobelten Mandeln bestreuen.
6 Bei 150 °C ca. 60 Minuten backen, auskühlen lassen, runde Kartonscheibe o.ä., Durchmesser ca. 10 cm, in die Mitte legen und rundherum leicht anzuckern.

* *Die Qualität der Kuchenbrösel ist sehr entscheidend für die Qualität des fertigen Produktes. Möglichst keine Brösel von Teigprodukten! Es sollten hohe Bröselanteile von mürben Teigen, Nussmassen, Sachermassen und dergleichen verwendet werden.*

Zwetschkenfleck

Zutaten für 20 Portionen

250 g Mehl, glatt
20 g Germ
40 g Staubzucker
40 g Butter
⅛ l Milch
2 Eidotter
1 Ei
Prise Salz
1 EL Vanillezucker
Zitronenschale
1 ½ kg Zwetschken für den Belag

Butter zum Bestreichen
Zimt zum Bestreuen
Staubzucker zum Bestreuen

Zubereitung

1 Germ in warmer Milch auflösen, mit 50 g Mehl, etwas Salz und Zucker glatt rühren, mit Mehl bestauben, an einem warmen Ort gehen lassen (Dampfl).
2 Butter schmelzen, alle Zutaten außer Mehl beigeben.
3 Danach alle Zutaten inklusive Mehl in der Rührmaschine (Knethaken) oder mit dem Kochlöffel zu einem glatten Teig verarbeiten und zugedeckt rasten lassen.
4 Zwetschken waschen, bis zur Hälfte einschneiden, Kern entfernen. Die noch zusammenhängenden Zwetschken der Breite nach bis zur Hälfte einschneiden. Teig auf bemehlter Unterlage in Blechgröße ausrollen, auf gefettetes Backblech legen.
5 Zwetschken eng aneinander, mit den Zipfeln nach oben, auf den Teig legen. Nochmals warm rasten lassen. Mit Zimt bestreuen und im vorgeheizten Backrohr bei 180 °C ca. 35–40 Minuten backen.
6 Mit Staubzucker bestreuen.

Esterházyschnitten

Zutaten für 16 Stück
(10 × 3 cm)

Esterházymasse
Siehe Esterházytorte
(Seite 208)
6 Blätter, ca. 50 × 10 cm,
aufstreichen und backen

Haselnussnougatcreme
Siehe Esterházytorte
(Seite 208)

Dekor
Marillenmarmelade
ca. 100 g Fondant
Spritzschokolade

Zubereitung

1 Die Esterházymasseblätter mit der Haselnussbuttercreme füllen, das Deckblatt mit der glatten Seite nach oben auflegen. Kühlen.
2 Oberfläche aprikotieren und mit Fondant dünn glasieren.
3 In den noch weichen Fondant mit Spritzschokolade der Länge nach Linien ziehen und diese mit einem kleinen, spitzen Messer abwechselnd von oben nach unten und umgekehrt zum Esterházymuster verziehen.
4 In 16 Schnitten teilen.

Esterházytorte

Zutaten für 1 Torte, Durchmesser 23 cm, Höhe 5 cm

Esterházymasse

330 g Eiklar (Eiklar von 11 Eiern)
330 g Kristallzucker
330 g fein geriebene Haselnüsse oder Mandeln

Haselnussnougatcreme

200 g Milch
50 g Kristallzucker
1 KL Vanillezucker
1 Eidotter
25 g Vanillepuddingpulver
250 g Butter
50 g ungezuckerter Haselnussnougat

Dekor

Marillenmarmelade
100 g Fondant
Spritzschokolade
geröstete gehobelte Mandeln

Zubereitung

Esterházymasse

1 Eiklar mit Kristallzucker zu Schnee schlagen und die Nüsse einmelieren. Auf mit Backtrennpapier belegte oder befettete, bestaubte Bleche 6 Tortenblätter aufstreichen und bei 170 °C ca. 25 Minuten backen.

Haselnussnougatcreme

2 Ein Viertel der Milchmenge mit Vanillepuddingpulver und Eidotter glatt rühren.

3 Die restliche Milch mit Kristallzucker und Vanillezucker aufkochen. Die Eimischung zugeben und unter ständigem Rühren gut durchkochen lassen. In der Rührmaschine kalt rühren.

4 Die Butter in Stücken und das Haselnussnougat zugeben. Die Creme schaumig rühren.

5 Esterházymasseblätter abwechselnd mit Haselnussnougatcreme in einen mit einem Kunststoffstreifen ausgelegten Tortenreifen einsetzen, dabei das Deckblatt mit der glatten Seite nach oben auflegen. Kühlen.

Fertigstellung

6 Tortenring und Kunststoffstreifen entfernen.
7 Oberfläche aprikotieren und mit Fondant dünn glasieren.
8 In den noch weichen Fondant die Spritzschokolade spiralförmig aufspritzen und mit einem kleinen, spitzen Messer wechselweise, von innen nach außen und von außen nach innen, die Spirale zum Esterházymuster verziehen.
9 Die Torte seitlich mit gerösteten gehobelten Mandeln einstreuen.

Wachauer Torte

Zutaten

Masse

6 Eidotter
6 Eiklar
60 g Staubzucker
60 g Kristallzucker
120 g Kochschokolade, fein gerieben
120 g Mandeln, geröstet, gerieben

Creme

250 g Butter
125 g Kochschokolade
100 g Staubzucker
25 g Kristallzucker
2 Eidotter
1 Eiklar

Weinlösung zum Tränken der Torte

⅛ l Wachauer Weißwein
70 g Kristallzucker
3 Gewürznelken
Schale von 1 Zitrone

Zubereitung

Masse

1 Dotter mit Staubzucker schaumig rühren. Eiklar mit Kristallzucker zu festem Schnee schlagen, die Dottermasse vorsichtig unter ständige Beigabe von geriebenen Mandeln und geriebener Schokolade einrühren.

2 In eine gebutterte, mit Mehl ausgestaubte Tortenform füllen und im vorgeheizten Backrohr bei 180 °C ca. 55 Minuten backen.

3 Torte erkalten lassen, aus der Form lösen und zweimal horizontal durchschneiden.

Creme

4 Erweichte Butter mit erweichter Schokolade schaumig rühren, Dotter zugeben und gesiebten Staubzucker nach und nach einrühren.

5 Eiklar mit Kristallzucker zu sämigem Schnee schlagen und unter die Buttercreme ziehen.

Weinlösung

6 Wein, Kristallzucker, Nelken und Zitronenschale einige Minuten kochen, erkalten lassen, durchseihen.

Füllen der Torte

7 Die Tortenblätter mit dem Weingemisch beträufeln, anschließend lagenweise mit Creme füllen. Die Torte danach oben und an den Seiten ebenfalls mit Creme bestreichen, mit Schokospänen und gespritzten Obersrosetten garnieren.

Faschingskrapfen

Zutaten für ca. 13 Stück

Germteig

Dampfl

1 KL Honig
25 g Germ
80 g Milch*
80 g Mehl

2 Eidotter
1 Ei
40 g Kristallzucker
30 g Rum
1 KL Vanillezucker
abgeriebene Schale einer halben, unbehandelten Zitrone
250 g Mehl
70 g festes, formbares Butterschmalz
Prise Salz

Backfett: Butterschmalz oder Pflanzenfett
passierte Marillenmarmelade zum Füllen
Staubzucker mit 10 % Vanillezucker gemischt zum Anzuckern

Zubereitung

1 Für das Dampfl die Milch auf etwa 20 °C erwärmen, Germ darin auflösen. Mehl zugeben und gut abarbeiten. Auf etwa das doppelte Volumen aufgehen lassen.

2 Eidotter, Eier, Kristallzucker, Rum, Vanillezucker und Zitronenschale schaumig rühren.

3 Das Dampfl mit der Eiermasse und dem restlichem Mehl mischen. Nach halber Mischzeit Butterschmalz und Salz zugeben und fertig mischen.

4 Gut abarbeiten, schleifen, 2 Stränge formen, jeden in 10 Stücke teilen und diese auf mit Tüchern belegte, mit Mehl bestaubte Bretter wegsetzen. Bei 28–30 °C und ausreichender Luftfeuchtigkeit aufgehen lassen.

5 Kurz vor dem vollständigen Aufgehen aus dem Wärmebereich nehmen und zur besseren Stabilität der Backkruste leicht verhauten lassen. Bei einer Fetttemperatur von 160 °C nach Sicht backen. Mit Marillenkonfitüre füllen und anzuckern.

* *Krapfenteig ist in der Regel etwas weicher gehalten. Die Teigfestigkeit muss durch Erfahrung ermittelt werden, da die Flüssigkeitsaufnahme je nach Mehlqualität leicht unterschiedlich sein kann.*

Rosinengugelhupf

Zutaten für 1 Gugelhupfform, Durchmesser 20 cm, Höhe 9,5 cm

Gugelhupfmasse

230 g Butter
35 g Maizena
20 g Staubzucker
15 g Vanillezucker
abgeriebene Schale einer halben, unbehandelten Zitrone
Prise Salz
5 Eidotter
5 Eiklar
160 g Kristallzucker
200 g Mehl
40 g Rosinen

Staubzucker mit 10 % Vanillezucker gemischt zum Anzuckern

Zubereitung

1. Butter, Weizenpuder, Staubzucker, Vanillezucker, Zitronenschale und Salz schaumig rühren. Eidotter nach und nach zugeben.
2. Eiklar mit Kristallzucker zu Schnee schlagen. Beide Massen mischen und die Mehl-Rosinenmischung einmelieren.
3. In eine gebutterte, bestaubte Gugelhupfform füllen und bei 160 °C ca. 60 Minuten backen.
4. Stürzen, auskühlen lassen und anzuckern.

Marmorgugelhupf

Zutaten für 1 Gugelhupfform, Durchmesser 20 cm, Höhe 9,5 cm

Gugelhupfmasse
Siehe Rosinengugelhupf (Seite 213, ohne Zitronenschale und Rosinen)
gehobelte Mandeln für die Form

Kakaomasse
1 EL Öl
10 g Kakao
1 EL heißes Wasser
ca. 330 g der Gugelhupfmasse (ein Drittel der gesamten Masse)

Zubereitung

1 Öl, Kakao und Wasser verrühren. Die Gugelhupfmasse zubereiten, jedoch nur flüchtig melieren. 330 g (ein Drittel) davon mit der Öl-Kakao-Wasser-Mischung verrühren.
2 Die restliche Gugelhupfmasse fertig melieren und abwechselnd mit der Kakaomasse in eine gebutterte, mit gehobelten Mandeln ausgestreute Gugelhupfform füllen und bei 160 °C ca. 60 Minuten backen. Stürzen, auskühlen lassen und anzuckern.

Kärntner Reindling

Zutaten für 10 Personen

500 g Mehl
30 g Germ
80 g Butter
50 g Staubzucker
¼ l Milch
1 Ei
2 Dotter
Prise Salz
1 TL Anis
1 EL Rum
1 TL Vanillezucker

Fülle

100 g Zucker
50 g Butter
2–3 EL Zimt
100 g Rosinen
50 g Butter für das Ausstreichen der Form

Zubereitung

1. Germ mit warmer Milch und etwas Zucker verrühren, mit den anderen Zutaten mit Kochlöffel gut durchschlagen.
2. Teig ca. 20 Minuten gehen lassen, nochmals durchkneten, nochmals 15–20 Minuten gehen lassen (dadurch wird der Teig feinporiger).
3. Teig 1 cm dick ausrollen, mit Butter, Zucker, Rosinen und Zimt bestreuen, zusammen-rollen und in eine gut ausgebutterte Reindlingform („Rein“) legen.
4. Nochmals 15 Minuten gehen lassen.
5. Backrohr auf 180 °C vorheizen, ca. 1 Stunde lang backen.

Z

Esterházy Kochbuch
Pannonische Köstlichkeiten und fürstliche Weine
ausgewählt von **Christoph Wagner**
184 Seiten, zahlreiche Abbildungen, fest gebunden
€ 29.95/sfr 50.90
ISBN 978-3-7066-2442-8

Schon seit Jahrhunderten prägt das Fürstenhaus Esterházy die wirtschaftliche und kulturelle Entwicklung im pannonischen Raum. Neben der Liebe zur Kunst waren die Fürsten auch dem Genuss sehr zugetan und legten ganz besonderen Wert auf eine opulente Hofhaltung, kreative Küche und auserlesene Weine. Viele der Rezepte, vom Esterházy-Rostbraten bis zur Esterházy-Torte, sind heute Klassiker der österreichischen Küche. Und auch so manches Werk des Hofkapellmeisters Joseph Haydn wurde von den dargebotenen Köstlichkeiten inspiriert. Christoph Wagner hat für dieses Buch die besten Rezepte aus dem Hause Esterházy zusammengestellt. Darunter finden sich nicht nur die Lieblingsgerichte der Fürsten, sondern auch traditionelle und bodenständige pannonische Rezepte. Prachtvolle Fotos der Speisen auf historischem Porzellan aus den Esterházy-Sammlungen, passende Weinempfehlungen vom Weingut Esterházy sowie viele informative und amüsante Geschichten aus dem Fürstenhaus machen dieses Werk zu einer wahren Sinnenfreude.

„hochinteressante Rezepte der fürstlich pannonischen Küche.“
profil

„Das opulent aufgemachte Buch macht nicht nur Lust auf das Nachkochen der Lieblingsrezepte der Fürsten des Hauses Esterházy-Galantha, sondern auch der bodenständigen Gerichte ihrer kulinarisch verwöhnten ‚Untertanen‘.“
Tiroler Tageszeitung

„Keine weltweiten Zutaten, keine undurchsichtigen Fusionen verschiedener Kochrichtungen, sondern vielmehr ein Dokument großer mitteleuropäischer Kochkunst. Ein Nachschlagewerk für klassische Genießer mit einem historischen Rückblick in die Koch-, Genuss- und Familiengeschichte der Dynastie Esterházy.“
Echo

www.loewenzahn.at